# LA DIVERSIÓN DE MARTINA

# LA DIVERSIÓN DE MARTINA

## ¡aventuras en Londres!

MARTINA D'ANTIOCHIA

Ilustraciones de **Laia López**

montena

hugo
sofía
martina

lucía
nico

Papel certificado por el Forest Stewardship Council®

MIXTO
Papel procedente de fuentes responsables
FSC® C117695

Primera edición: febrero de 2018
Segunda reimpresión: febrero de 2018



Printed in Spain – Impreso en España

ISBN: 978-84-9043-884-8
Depósito legal: B-26.473-2017

Compuesto en Compaginem Llibres, S. L.

Impreso en Cayfosa
Santa Perpètua de Mogoda (Barcelona)

GT 3 8 8 4 8

Penguin Random House Grupo Editorial

*A mi abuela, que siempre creyó en mí*

# CUADERNO DE LOS EXPERIMENTOS DE MARTINA

Estos días en la escuela hemos hecho EXPERIMENTOS CIENTÍFICOS y he descubierto que... ¡ME ENCANTAN! Ayer, por ejemplo, los maestros nos pidieron que trajéramos una caja de huevos a la escuela. El objetivo del experimento era comprobar la resistencia de la cáscara del huevo, aunque a mí me parecía bastante tonto porque: es un huevo, ¿vale? Se rompe enseguida.

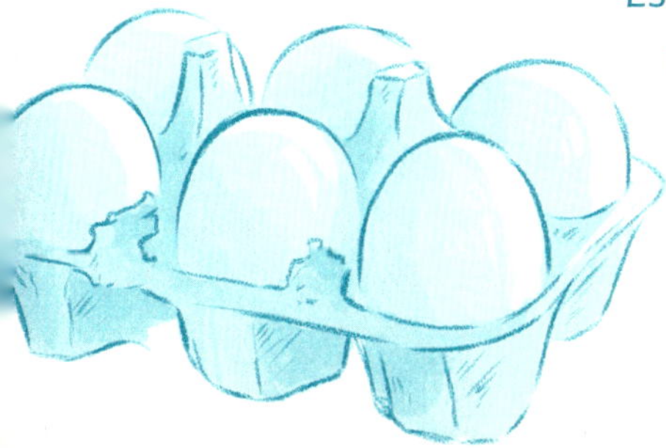

Esto es lo que pensaríamos todos, ¿verdad?

Bueno, pues mientras en la

clase de ciencias esperábamos todos a ver qué ocurría, el maestro colocó los huevos que habíamos traído dentro de vasos para que quedaran de pie y sobre los huevos, un plato. Entonces el profe comenzó a apilar encima de los huevos cosas que pesaban: libros de texto, un ordenador portátil... En clase todos nos tapamos los ojos porque pensábamos que se romperían en mil pedazos y que el aula quedaría hecha un desastre, pero resulta que no. Re-

sulta que la forma redondeada del huevo es supersupermegarresistente y aguanta mucho peso, aunque un huevo sí se rompe si se te cae al suelo. ¿Mola o no mola?

Por eso, porque creo que yo podría llegar a ser una gran científica, este fin de semana me he decidido a probar más EXPERIMENTOS en mi casa y voy a apuntarlos en este cuaderno, porque eso es lo que hacen los científicos, apuntar cosas. Por lo tanto, a partir de ahora, este va a ser el CUADERNO DE LOS EXPERIMENTOS DE MARTINA, como he indicado al principio del capítulo.

# ¡A EXPERIMENTAR!

Lo primero que se necesita para un EXPERIMENTO CIENTÍFICO es una pregunta en plan «¿Qué pasaría si...?», y luego haces el EXPERIMENTO para explicar QUÉ PASA. Lo que ocurre es que, por mucho que pensara, no se me ocurría nada de nada. Al final he encontrado mi inspiración en la cocina de casa. Por la mañana, después de jugar un rato con mi hermano peludo, me ha entrado hambre y he ido a la cocina a buscar unas galletas. Después de cogerlas, la he visto: una olla grande llena de garbanzos puestos en remojo. De verdad, los garbanzos deben de ser una de las comidas que menos me gusta del universo entero. Por eso normalmente cuando veo una olla de garbanzos en casa ya me pongo medio enferma, pero

esta vez no. Esta vez me he puesto muy contenta porque ya tenía mi pregunta: «¿Los garbanzos remojados aguantan tanto peso como los huevos?».

La pregunta solo es la primera parte del EXPERIMENTO CIENTÍFICO. Luego hay que plantearse una HIPÓTESIS, es decir, tienes que pensar qué crees que pasará. Por ejemplo:

**Hipótesis:** como son redondos como los huevos, los garbanzos remojados también deberían aguantar muy bien el peso.

Y después de la hipótesis, hay que plantear el EXPERIMENTO. No se puede hacer así, a lo bestia, hay que pensar cómo lo vas a hacer. Por ejemplo:

**Experimento:** voy a coger los garbanzos de la olla, los pondré en el suelo como si fueran una alfombra y encima pondré algo plano (lo único que tengo un poco plano son los cuadernos y libros de la escuela). Después añadiré un peso como, por ejemplo, yo misma.

Según nos contaron en la escuela, después de la hipótesis y de planear el EXPERIMENTO hay que ponerlo en práctica, y a continuación ver si tu hipótesis es cierta o no.

## ¡manos a la obra!

He colocado los garbanzos en medio del salón (¡no iba a hacerlo en mi cuarto! Además mis padres no están en casa y en el salón tengo más espacio) y las carpetas y los libros encima. Ya entonces me ha parecido que los garbanzos comenzaban a abrirse un poco, pero no creo que ningún científico de verdad se echara atrás por eso. Tampoco me he echado atrás cuando Lili, que ha sido testigo de todo, se ha subido a la mesa del comedor y se me ha quedado mirando como si estuviera loca (gracias, hermano peludo).

Voy a ponerme encima, a ver qué pasa. ¿Aguantarán los garbanzos? ¿Sí? ¿No? ¡VIVAN LOS EXPERIMENTOS CIENTÍFICOS!

Estoy castigada. Tengo que ordenar mi cuarto y reflexionar sobre: *¿Por qué no puedo hacer una alfombra de garbanzos?*

¡Precisamente por eso estaba haciendo el EXPERIMENTO! ¿Cómo iba a saber yo que los garbanzos explotarían?

Hey, que estoy bien. No ha sido una explosión como la de una bomba. Pero los garbanzos sí que han comenzado a estallar y a saltar por todas partes...

**Conclusión** del EXPERIMENTO: no, los garbanzos no aguantan, ni de broma, tanto como una docena de huevos. Y además luego lo dejan todo perdido.

El salón entero parecía como si se hubiera derramado un plato de sopa por el suelo.

¿Lo peor? Lo peor ha sido que entonces he oído que la puerta se abría, he visto que llegaba mi padre y se me ha quedado mirando con cara descompuesta. Una cara que poco a poco se ha convertido en la de la Ira. Sí, amigos, como el personaje de la Ira de la película *Del revés* (yo, ¡claro!, soy la Alegría).

He intentado explicarle que todo aquello era un EXPERIMENTO y que era superimportante, pero su cara se ha ido poniendo cada vez más y más roja. Y yo insistía:

*Yo:* ***Papá por favor escúchame: para desarrollar mi mente libremente y algún día llegar a ser una gran científica que salve este mundo, necesito saber cuál es el peso exacto que aguantan los garbanzos. Así podré fabricar un vehículo ecológico volador que pueda transportar, sin necesidad de consumir combustible…***

A partir de ese momento ha empezado el drama de verdad. No puedo definir la cara que se le ha puesto a mi padre. En mi recuerdo solo hay un borrón rojo que babeaba espuma por la boca. Lo que sí recuerdo claramente es que se ha puesto a gritar y me ha mandado a mi cuarto para lo que decía antes: para ordenarlo y para reflexionar sobre: *¿Por qué no puedo hacer una alfombra de garbanzos?*

*Yo:* ***¡¡¡Bueno, pues no te quejes si el día de mañana no puedes coger el coche porque haya subido tanto el precio de la gasolina que no la puedas pagar!!!***

Se lo he gritado a través de la puerta cerrada, pero mi padre no ha contestado. Estaba demasiado ocupado refunfuñando.

Y ahora ¿qué hago? ¿En serio voy a ordenar mi habitación? ¡NO! ¡Esto no está hecho para mí! Necesito explorar, inventar... ¡De verdad podría convertirme en una gran científica! ¡Estoy segura de ello! Y desde luego, una gran científica tiene soluciones para todo.

Me he acercado otra vez a la puerta cerrada. Mi padre seguía refunfuñando en el salón.

*Yo:* ***¿Papá?***

Silencio. Mi padre estaba escuchando.

*Yo:* ***¡Papá! Tienes toda la razón, voy a reflexionar sobre lo que has dicho, pero necesitaré un buen rato. ¡Cuatro horas por lo menos!***

Entonces mi padre, que seguramente seguía igual de enfadado que antes, pero yo esperaba que ya no estuviera tan rojo, porque eso no puede ser bueno para nadie (ese también podría ser un buen EXPERIMENTO, descubrir todo lo rojo se puede poner mi padre antes de ponerse malo), ha dicho:

*Papá:* ***Muy bien, hija. Así me gusta, que vayas por buen camino.***

Casi se me escapa la risa.

# ¡NECESITO UN PLAN!

Vale. He conseguido cuatro horas para mí... ¿Y ahora?

GRUPO DE CHICAS

Martina: **Sofía, os queréis venir tú y Lucía a jugar?**

Sofía: **Ok, vamos para tu casa.**

Martina: **No, no llaméis a la puerta, esperadme en la parte trasera del jardín que ya voy.**

Vale. Quizá NO tendría que haber hecho el EXPERIMENTO en el salón de mi casa y QUIZÁ no tendría que haber usado los garbanzos (*puaj*) para la comida (aunque pensándolo bien... ¡mañana ya no tendré garbanzos para comer! ¡Viva!), pero lo de reflexionar y ordenar mi cuarto es un castigo demasiado cruel, así que he decidido salir. ¡Lo que pasa es que mi padre no tiene que enterarse! Por eso tengo que pensar un PLAN.

Como no creo que me dejen hacer EXPERIMENTOS CIENTÍFICOS en casa hasta dentro de una buena temporada, declaro que este cuaderno va a ser, a partir de ahora, un CUADERNO DE AVENTURAS. Porque ¿quién sabe qué aventuras viviremos mis amigas y yo en cuanto logre salir de aquí?

# ¡COMIENZA LA DIVERSIÓN!

## EL PLAN

(Pensar un plan es un poco como preparar un EXPERIMENTO CIENTÍFICO. La diferencia es que no tienes que preguntarte: *«Qué pasaría si...»*. Para los planes tienes que preguntarte: *«Cómo consigo que...»*.)

**Pregunta:**

¿Cómo consigo escapar de mi habitación para ir a jugar con mis amigas?

**Problemas:**

- Mi padre está en el salón y seguro que sigue enfadado.

Mi habitación queda en el primer piso de mi casa y no sería nada divertido romperme algo durante la caída.

**Posibles soluciones:**

Abrir con mucho mucho cuidado la puerta y salir arrastrándome como en las películas de espías.

Llamar al teléfono de mi padre fingiendo ser uno de sus pacientes (mi padre es odontólogo) para que vaya corriendo a su consulta y así salir por la puerta tranquilamente.

De momento, las dos primeras soluciones no me parecen muy buenas. Vale que podría salir supersigilosa de mi cuarto, estoy segura de que lo conseguiría, pero para ir hacia la puerta de salida tengo que pasar por el salón, y por muy bien que lo haga yo, es IMPOSIBLE que mi padre no me vea. Además, ahora que lo pienso, el suelo todavía debe de estar lleno de trozos de garbanzo...

Y la segunda solución... si llamo a mi padre VA A SABER QUE LO HAGO DESDE MI TELÉFONO. Además, seguro que reconoce mi voz.

Piensa, martina, piensa.

Vale. No se me ocurre nada. Creo que voy a tumbarme un rato en mi cama y cerraré los ojos, a ver si me concentro mejor. Piensa, martina, vamos...

Uf. Esto de pensar da un poco de sueño...

Creo que me he quedado dormida un segundo, pero ha sido útil porque de repente he tenido una idea fantástica: ¡la ventana! Ya lo he dicho miles de veces, adoro la ventana de mi habitación, porque tiene vistas a una de mis cosas favoritas en la vida: el mar. Pero otra cosa que tiene también es un rosal trepador enorme. Enorme de verdad. Hace un montón de años lo plantamos en el jardín y ya ha crecido tanto que las últimas ramas llegan hasta el balcón de mi habitación.

NUEVO EXPERIMENTO: ¿Un rosal trepador puede aguantar el peso de una persona?

**Hipótesis:** más me vale que sí.

Pasos que hay que seguir en el EXPERIMENTO:

- Encaramarme al rosal trepador.
- Bajar sin romperme nada.

¿FUNCIONARÁ O NO?
¡HABRÁ QUE COMPROBARLO!

Pues creo que se han roto algunas ramas, pero resulta que sí, que aguanta mi peso.

La bajada no ha sido fácil. He tenido que subirme a la barandilla de mi balcón y luego, con mucho cuidado, agarrarme a las ramas del rosal e intentar no mirar hacia abajo, porque ¡qué vértigo!

¿Y las espinas? Porque todo el mundo sabe que los rosales tienen espinas, ¿verdad?, y yo también. Por eso me he puesto los guantes que uso para salir a patinar a veces y así no me he pinchado demasiado las manos.

Lo dicho: apenas me he pinchado las manos. Otras partes sí, como los brazos y las piernas. Pero no he soltado ni un grito para no arriesgarme a que mi padre me oyera. ¡Hay que ser valiente!

Cuando por fin he llegado al jardín lo he cruzado tan rápido como he podido para que mi padre no me viera. Tras la puerta trasera estaban mis amigas esperándome:

Lucía: ***¡¡¡Ay!!! ¡¡¡Martina!!! ¿Qué le has hecho a tu gato Lili que vas llena de arañazos?***

*Nada, Lucía,* he pensado yo mientras miraba si mi ropa estaba muy destrozada. Y solo lo estaba un poco. Les he explicado que el motivo de mis arañazos era algo más sencillo:

Martina: ***He bajado por la ventana de mi habitación y, entre el rosal y yo, reconozco que ha ganado el rosal.***

¡Aunque la idea de Lili me parece genial! Para cuando mi padre me pida explicaciones... Pero ahora no es momento para pensar en excusas. Es el momento de la diversión.

Yo: ***Bueno, chicas, el día es perfecto: tengo cuatro horas para divertirnos antes de que mi padre***

**entre en mi habitación y descubra que no estoy. ¿Qué os parece si nos vamos al bosque a jugar?**

Detrás de mi casa hay un bosque genial donde vamos muy a menudo. Siempre descubrimos cosas nuevas y, además, nadie nos molesta. Es un lugar ideal para vivir aventuras.

Mis amigas han dicho que claro que nos íbamos a jugar. Estaban entusiasmadas, y yo también. Y Sofía ha preguntado:

Sofía: **¿A qué estamos esperando?**

Tenemos cuatro horas (porque luego tendré que regresar y además tendré que hacerlo sin que mi padre se dé cuenta de que he salido), pero en cuatro horas pueden ocurrir cosas asombrosas.

¡Luego sigo explicando cómo avanza la aventura!

Bueno. Cuando yo pensaba en cosas asombrosas, pensaba que podríamos encontrar algún animal o planta interesante en el bosque o pasarlo realmente bien jugando o construir una caseta en lo alto de un árbol.

No pensaba que acabaría dentro de una misteriosa avioneta sobrevolando Marbella a toda velocidad... ¡y sin saber a dónde iríamos a parar!

# SALUDOS DIVERTIDOS

aunque si nos estrellamos
puede que sean los últimos.

Vale, quizá es mejor que cuente qué ha ocurrido.

Estábamos jugando Lucía, Sofía y yo tan tranquilamente, ¿de acuerdo? Una de las cosas que más nos gusta es jugar al escondite, y, como siempre, me ha tocado buscar a mí.

Así que he gritado bien alto:

*Martina*: ***1, 2, 3, 4, 5. ¡Quien no esté escondido, tiempo ha tenido!***

Cuando he abierto los ojos me he puesto a correr como una loca para buscar todos los escondites, pero entonces me he chocado... no contra un árbol, que sería lo normal en un bosque. Me he chocado contra un objeto de metal enorme y algo oxidado. Lo primero que he hecho es llevarme una mano a la cabeza, porque ¡vaya trastazo me he pegado!, pero luego… luego me he dado cuenta de qué era este objeto misterioso.

Yo: ***¡Chicas, se anula el juego! ¡Venid ahora mismo, que os vais a quedar boquiabiertas! ¡¡Corred!!***

Lucía y Sofía han venido enseguida. Lucía incluso me ha preguntado qué ocurría. Estaba tan nerviosa que le temblaban las piernas como si estuviera bailando reguetón. Sofía se ha quedado parada y con la boca desencajada, porque enseguida se ha dado cuenta de que ese objeto en medio del bosque era… ¡UNA AVIONETA! ¡UNA AVIONETA ABANDONADA!

¿Qué habrá ocurrido? ¿Se habrá estrellado? ¿Y dónde estará la gente que iba dentro?

Entonces Lucía ha tenido una idea GENIAL y a la vez terrible.

*Lucía*: **Chicas, ¿sabéis lo que significa esto?**

Sofía y yo, claro, le hemos pedido que explicara qué significaba exactamente, y ella ha añadido:

*Lucía*: **Significa que podemos jugar a pilotos y azafatas de avión.**

A Sofía y a mí desde luego que al principio nos ha parecido una idea GENIAL. Las tres nos hemos acercado a la puerta de la avioneta y nos hemos alegrado un montón cuando hemos visto que estaba abierta. Entonces hemos entrado con cuidado. ¡Quién sabe lo que podíamos encontrar dentro! Aunque, en realidad, no había nada raro... nada más raro que una avioneta abandonada en un bosque, al menos.

Por dentro estaba bastante nueva. Tenía cuatro asientos detrás y dos delante, para el piloto y el copiloto. Como Sofía ha sido la más rápida de las tres, ha podido sentarse en el asiento del piloto. Ha comenzado a hacer lo que se ve en las películas, a tocar palancas y botones, incluso ha intentado encender lo que parecía la radio. Yo me he sentado a su lado, en el asiento del copiloto. A Lucía le ha tocado hacer el papel de azafata y ha comenzado a abrir los compartimentos que había encima de los asientos para ver si encontrábamos algo con lo que jugar. Entonces Sofía ha señalado al panel con todo tipo de aparatos, contadores, palancas y botones que había frente a los asientos.

Sofía: **¿Para qué sirve ese botón?**

Ahora voy a dar un consejo a todo el mundo. Como es un consejo superimportante, voy a ponerlo en grande y subrayado:

EL CONSEJO DE MARTINA POR
SI ALGUNA VEZ ENCONTRÁIS
UNA AVIONETA ABANDONADA
Y UNA AMIGA LLAMADA
SOFÍA VE UN BOTÓN DONDE
PONE: «DESPEGUE»
Y PREGUNTA
PARA QUÉ SIRVE ES:
NO DEJÉIS QUE VUESTRA
AMIGA APRIETE EL BOTÓN.

# ¡SALUDOS VOLADORES!

Estamos volando. Esa es la buena noticia, que estamos volando en vez de habernos estrellado, pero ya ni sé cuánto tiempo llevamos en el aire. Lo único que puedo hacer es mirar por la ventanilla de la avioneta. Marbella se ha ido haciendo más y más pequeñita, y el cielo más y más grande. Ahora, muy abajo, se ven casitas y carreteras que parecen de juguete.

Después de que Sofía tocara el botón, la avioneta ha comenzado a moverse y luego ha salido del bosque y se ha elevado con nosotras dentro. Estaba tan nerviosa y asustada que no me salían las palabras. Ahora sí. Ahora me sale una palabra: ¡SOCORRO!

Cuando me he calmado un poco, me he girado hacia Lucía y le he gritado:

Yo: **¡ESTO HA SIDO TODO POR TU CULPA!**

Nunca me ha gustado gritarles a mis amigas, pero... pero es que... todo esto ha ocurrido porque Lucía ha tenido la maravillosa idea de entrar en el avión a jugar.

Lucía ha sido muy rápida en contestar:

Lucía: **¡Ha sido culpa de Sofía!**

Bueno... Quizá tenga razón. Desde luego, Sofía NO tendría que haber tocado el dichoso botón.

Entonces Sofía se ha girado hacia mí. Tenía los ojos rojos de llorar y parecía muy asustada. Y me ha gritado:

Sofía: ***¡No! ¡Todo esto es culpa tuya, Martina! ¡Si no te hubieras escapado de casa y no hubieras encontrado la avioneta, no habría pasado nada!***

Vale. Ya sé que cuando estamos asustados decimos las cosas sin pensar, pero me ha sabido horriblemente mal eso que me ha dicho Lucía. Primero porque NO es verdad, ya que está claro que el botón de despegue lo ha tocado ella. Y segundo porque me ha hecho pensar en que si estamos en una avioneta rumbo a lo desconocido, desde luego que no estaré en casa para cuando mi padre vaya a ver si he reflexionado por lo de la alfombra de garbanzos y he ordenado mi cuarto, y me va a soltar una regañina tremenda.

Entonces, por fin, Lucía y Sofía han dejado de discutir, pero ha sido porque de repente hemos escuchado un ruido nuevo aparte del motor: **HAAAUUUMMMFFF**. ¡El sonido de alguien bostezando!

¡¡¡¿QUIÉN SERÁ?!!!

¡QUE ALGUIEN NOS AYUDE!

Se llama Hugo. El extraño se llama Hugo, y... Y mejor os lo explico todo. Pero, ay, Hugo <3

Al escuchar el bostezo, Sofía, Lucía y yo nos hemos asustado de lo lindo. Sofía ha dado un salto tan fuerte que ha acabado pegándose un golpe contra el techo de la avioneta y Lucía incluso ha gritado:

Lucía: **¡Seguro que es un fantasma!**

Se le notaba el miedo en la cara, aunque también intentaba ocultarlo, porque Lucía es la mayor de las tres. La pobre sentía que era su responsabilidad solucionar el problema, pero tenía tantísimo miedo que no podía controlarse. Al final he sido yo la que, haciéndome la fuerte a pesar del pánico, les he dicho:

Yo: ***Tranquilas, chicas. Todo va a salir bien.***

No estaba del todo convencida de lo que decía, claro. De hecho, me sentía como un cachorrito a punto de caer al vacío... También podría salir todo mal, pero a la vez... ¡Sé positiva, Martina! A la vez estábamos viviendo una aventura, y todo el mundo sabe que a las heroínas de las aventuras siempre les salen las cosas bien...

Y mientras pensaba todo esto, de detrás de los últimos asientos de la avioneta ha salido un chico.

Iba a repetirles a mis amigas que todo iba a ir bien, pero de repente me he que quedado embobada. Creo que ha sido amor a primera vista.

El chico ha dado un paso hacia nosotras sin dejar de bostezar.

Chico misterioso: ***Vaya, creo que me he quedado dormido mientras jugaba al escondite... Eh, ¡hola! ¿Quiénes sois? ¿Cómo os llamáis? Yo soy Hugo.***

Hugo tiene el cabello rubio y corto. Es alto y sus ojos son verdes como mi rotulador preferi-

do, el que utilizo para subrayar. ¡Ya lo sé! No es muy romántico lo que acabo de escribir, pero es lo único que se me ha ocurrido. Lo que sí es romántico, creo, es decir que es el chico más guapo y perfecto del mundo entero y seguro que de parte del universo también, aunque no puedo estar al cien por cien segura porque no conozco el universo entero (y tampoco el mundo, pero ya me entendéis).

Y lo más extraño... lo más extraño es que, nada más verlo, me ha parecido que lo conocía de alguna parte.

De repente se me ha olvidado todo. TODO. La avioneta, el peligro, el castigo de seis meses. He dado un paso hacia Hugo, pero no he podido avanzar más porque Sofía ha hecho...

¡exactamente lo mismo! Aunque yo he sido más rápida: he saltado por encima de los asientos de la avioneta y me he puesto justo delante de él.

YO: **¡Yo me llamo Martina!**

Sofía no se ha quedado atrás. Se ha puesto a mi lado y con una sonrisa ha dicho:

*Sofía:* **¡Y yo me llamo Sofía! ¡Hola!**

Tan ocupadas estábamos (yo especialmente, fijándome en los ojos color verde rotulador de subrayar de Hugo) que nos hemos olvidado de la situación en la que nos encontrábamos, hasta que Lucía ha dicho con voz temblorosa:

*Lucía:* ***Esto..., chicos, creo que estamos un poquito lejos de la tierra, ¿no? Es que no veo nada que no sean nubes.***

Vaya. Pues es verdad.

*Hugo:* ***Un momento... ¡¿Estamos volando?!***

Lucía hacía cara de estar muy pero que muy asustada, así que he decidido ir a su lado para darle un abrazo, pero justo en ese momento nos hemos dado cuenta de que la avioneta comenzaba a hacer un ruido de lo más raro. Un sonido como chac, chac, choc, chic, CLANG. Era el mismo ruido que hizo mi teléfono esa vez que se me cayó por las escaleras de mi casa, solo que muchísimo más fuerte.

Y hablando de teléfonos... ¿había un momento peor para que mi teléfono comenzara a sonar?

Seguro que no.

## CONVERSACIÓN A NO SÉ CUÁNTOS MILES DE METROS DE ALTURA, DE CAMINO A NO SÉ DÓNDE:

Papá: ***¡¿Martinaaaaaa, dónde estás?! ¿Quién te has creído que eres, jovencita? ¡¿Por dónde andas?! No me digas que en tu habitación porque NO ES VERDAD.***

Ups.

Mi padre ha sonado MUY ENFADADO. Casi podía imaginármelo completamente rojo otra vez, rojo como la Ira, plantado en mi habitación. En una habitación completamente vacía, claro, porque yo estaba en la avioneta.

Y por más que buscaba excusas, no se me ha ocurrido ninguna.

Yo: ***Pa... pa... papa m..mmm... Me va a ser un pelín difícil volver.***

Vale, estaba perdiendo facultades a la hora

de pensar excusas, pero es que además no podía parar de tartamudear y apenas me aguantaba una risa nerviosa. ¡En qué lío me he metido!

*Papá*: ***Martina Valeria*** (¡OH NO! MI PADRE HA USADO MI NOMBRE COMPLETO: ¡ESO SIGNIFICA QUE ESTÁ A PUNTO DE EXPLOTAR!), ***si no regresas ahora mismo, ¡VAS A ESTAR CASTIGADA DURANTE SEIS MESES!***

¡SEIS MESES! ¡No puedo estar castigada seis meses! Es demasiado tiempo sin ver a mis amigos, sin internet, sin... ¡sin nada! ¿Qué podía hacer? ¡Piensa, Martina!

# FIN DE LA CONVERSACIÓN

Me han entrado unas ganas increíbles de llorar. Y luego ya, cuando las ganas se han hecho irrefrenables, me he echado a llorar como si no hubiera un mañana

Yo: ***¡Chicas! Escuchadme bien, ¡tenemos que bajar este trasto ya mismo!***

¿Verdad que lo que he dicho tenía mucho sentido? A ver, ninguno de los cuatro queríamos estar en la avioneta. Pero entonces Sofía se ha girado hacia mí:

Sofía: ***¡Ya ha hablado la líder! ¿Por qué siempre te crees con derecho a decirnos lo que hay que hacer? ¡En realidad solo temes que tu padre te regañe! ¿No eras tú la que quería vivir una superaventura?***

Enseguida me he dado cuenta de que Sofía lo decía por provocar, porque estaba enfadada conmigo, pero no sé si ha sido porque estábamos en la dichosa avioneta o porque me he presentado yo a Hugo antes que ella. Me he quedado con la boca abierta, pensando, pero antes de que se me ocurriera una buena respuesta, Lucía nos ha cortado a las dos:

Lucía: **¡Ahora no es momento de discutir! ¿Tenéis alguna** idea **para salir de es...?**

Lucía no ha podido acabar la frase porque de repente el ruido de la avioneta ha sonado más fuerte. Mucho más fuerte.

Quizá tendría que añadir que, después de caerse y de hacer ese ruido tan raro, mi móvil ha dejado de funcionar para siempre.

Lucía ha pegado un grito y se ha tapado la cara con las manos, y Hugo, sujetándose en los asientos del avión, ha mirado por la ventanilla. El suelo estaba ahora mucho más cerca que antes.

Hugo: ***¡O conseguimos aterrizar esta avioneta o vamos a morir!***

De repente Sofía me ha agarrado. He pensado que incluso estando en peligro de muerte quería seguir con la discusión, pero no. En vez de eso me ha abrazado y me ha dicho llorando:

*Sofía:* **¿Sabes qué, Martina? Que me he comportado como una tonta. En realidad no quería decir eso de ti. No creo que quieras hacerte la líder, solo sé que intentas protegernos, te quiero y siempre serás mi mejor amiga...**

Me ha parecido superbonito que lo primero que haya pensado Sofía cuando todos creíamos que íbamos a estrellarnos haya sido en disculparse...

*Hugo:* **¡Muy bonito!**

Sofía y yo nos hemos girado de inmediato hacia Hugo, que nos miraba desde el asiento del piloto de la avioneta. Tenía las manos en el tablero de control como si intentase buscar algo para hacer aterrizar el avión.

*Hugo:* **Siento interrumpir, de verdad, porque es francamente bonito, pero ¿podéis dejar esa con-**

***versación para otro momento? No me vendría mal un poquito de ayuda, ¿sabéis?***

Por un momento, he dudado: no sabía muy bien si dejarme llevar por el miedo o si buscar mi lado valiente y aventurero. Al fin y al cabo, tener miedo no me serviría de nada, pero no sabía si la Martina valiente y con ideas travie-

sas sería capaz de manejar un avión... ¿Y si solo conseguía hacer que nos estrelláramos todavía más rápido? (¡Si eso era posible, claro!)

Por suerte (o por desgracia), no me ha dado tiempo a decidir. La avioneta ha dado una sacudida tan tan fuerte que me he caído hacia delante. Hugo se ha puesto a chillar.

¿¿¿¿¿¿NOS VAMOS A ESTRELLAR??????

## RAZONES POR LAS QUE NO PUEDO MORIR EN UN ACCIDENTE DENTRO DE UNA AVIONETA QUE HA DESPEGADO SOLA

- ¡¡¡Solo tengo doce años!!!

- Ya lo he dicho antes. En las películas, las heroínas nunca mueren. Las heroínas hacen cosas heroicas, y siempre sobreviven. Incluso cuando crees que ya no tienen salvación.

- Porque no puedo morir sin terminar mi álbum de la colección de cromos de *Star Wars*, ni sin probar una última cucharada de mis natillas de chocolate preferidas, ni sin ver el último episodio de mi serie favorita.

☆ Y porque ¡qué tristes se pondrían mis padres y mis hermanos!

Lo único bueno que se me ocurre es que si muero hoy no tendré que hacer el examen de matemáticas el lunes. Algo es algo.

## SALUDOS MÁS TRANQUILOS

Bueno. Pues al final no nos ha pasado nada. Si no, no podría estar escribiendo en mi CUADERNO. Y si nos hubiera ocurrido algo, entonces sería mi fantasma quien estaría escribiendo ahora, y este cuaderno pasaría a ser un CUADERNO DE HISTORIAS DE MIEDO.

No, la verdad es que ha habido un momento que pensábamos que nos íbamos a estrellar. La avioneta hacía unos ruidos cada vez más fuertes y todo ha comenzado a temblar. Nos acercábamos al suelo a toda velocidad y Sofía, Lucía, Hugo y yo nos hemos puesto a gritar tan fuerte que pensaba que nos íbamos a quedar sin voz. No creo haber pasado más miedo en mi vida. De repente, la avioneta se ha sacudido con tanta violencia que he tenido que agarrarme a uno de los asientos para no caerme (luego, pensándolo mejor, habría tenido que agarrarme a la mano de Hugo. Habría sido superromántico, pero es que estaba demasiado asustada como para pensar).

Y justo cuando los golpes y las sacudidas y el ruido ya eran insoportables, Hugo ha encontrado algo:

Hugo: ***¡Chicas! Aquí hay un botón que dice PILOTO AUTOMÁTICO.***

Y las tres hemos gritado a la vez:

¡¡¡APRIÉTALO!!!

Y al final hemos aterrizado. No ha sido una maniobra suave: el avión estaba tan viejo que una de las alas se ha caído, pero por lo menos estábamos en el suelo. Nos hemos apresurado a salir de la avioneta. No creo que ninguno quisiera estar dentro ni un minuto más.

En ese momento me he dado cuenta de que Hugo, incluso cuando ya no corríamos peligro, seguía temblando. Y yo me he dicho: *¡Esa es mi oportunidad para calmarle!*

El problema es que Sofía se ha arrodillado a su lado antes que yo.

¿Por qué tengo tan mala pata?

Habría podido quedarme atrás y no decir nada, pero ¡yo también quería consolar a Hugo! Además ¡las heroínas no se quedan nunca de brazos cruzados! Así que yo también me he acercado a Hugo y, poniendo mi mejor cara de persona valiente, le he dicho:

Martina: **Hugo, no te preocupes, ya hemos aterrizado...**

Mi padre siempre dice que la fortuna sonríe a los valientes. Será que tiene razón, porque entonces Hugo me ha respondido con una voz de ángel...

Hugo: **Gracias, Martina ¡qué amable eres!**

Las palabras de Hugo me han puesto tan contenta que se me ha escapado una sonrisa. Sin embargo, Sofía no estaba tan satisfecha.

Sofía: **¡Seguro!** *(Eso lo ha dicho en un tono supersarcástico.)*

Se ha levantado con cara de enfado y la he seguido. ¿Qué le pasaba? Fuese lo que fuese, estaba claro que ¡teníamos que arreglarlo! Como no paraba de andar, la he cogido del brazo para detenerla y preguntarle cuál era el problema.

Sofía: ***No es justo, Martina, me has quitado mi oportunidad...***

Yo: ***¡¿Qué?! ¡No sabía que te gustaba!*** *(Vale. Reconozco que SOSPECHABA que a Sofía tam-*

*bién le gustaba Hugo, después de que me bloqueara al conocerlo y que se arrodillara a su lado para consolarlo. Pero...)* ***Lo que pasa es que a mí también me gusta...***

Esto último lo he dicho en voz muy bajita, ¡porque Hugo estaba muy cerca!

Sofía iba a decir algo más, pero entonces Lucía nos ha llamado y nos hemos vuelto hacia ella. Resulta que Lucía estaba junto a los restos del avión leyendo un libro gordísimo que parecía el manual de instrucciones. ¿De dónde lo habría sacado? En realidad, no creo que fuese muy importante, porque me ha dado

la sensación de que ya serviría de poco si el ala se había soltado al aterrizar... Iba a comentárselo, pero entonces Hugo, que evidentemente se ha dado cuenta de que Sofía y yo nos estábamos peleando, ha preguntado:

*Hugo:* ***¿Chicas? ¿Qué pasa ahí?***

*Yo:* ***Nada, Hugo, nada, tranquilo.***

Me ha parecido mejor que en realidad no supiera por qué discutíamos, así que he intentado cambiar de tema y he mirado a mi alrededor. La avioneta justo se ha estrellado en un claro rodeado de árboles.

*Yo:* ***Escuchad, ¿alguno de nosotros tiene*** idea ***de dónde estamos?***

Porque, ahora que me he fijado, yo no.

## SALUDOS DESORIENTADOS

Hemos caminado un buen rato (Hugo ha decidido venir con nosotras. Supongo que estar a punto de morir en un accidente de avión es la forma más rápida de hacer amigos), hasta que nos hemos dado cuenta de que no nos encontrábamos en un bosque, sino en algo parecido a un parque, porque enseguida se han acabado los árboles y el césped y hemos visto calles, casas y coches. A partir de ese momento no nos ha costado mucho hacernos una idea de nuestra situación:

¡¡¡ÉRAMOS UNA PANDILLA DE CUATRO NIÑOS PERDIDOS EN LONDRES!!!

Y esto lo sabía, primero, porque todos los carteles estaban en inglés (¡es una buena pista!) y, segundo, porque hemos visto unos cuantos donde ponía: WELCOME TO LONDON, que, como todo el mundo sabe, significa: «Bienvenidos a Londres».

UNA PANDILLA DE NIÑOS PERDIDOS EN LONDRES. ¡ESO SÍ ES UNA GRAN AVENTURA!

Hemos seguido caminando por lo menos una hora. No podíamos dejar de mirar hacia todas partes, de leer los carteles de las tiendas, las señales. Por todas las calles por las que pasábamos había casitas bajas, algunas pintadas de colores. Ha habido un momento que al cruzar una calle casi nos atropellan, porque resulta que en Inglaterra ¡los coches van al revés! Es decir, que se conducen por el carril de la izquierda y no por el de la derecha, así que cuando hemos mirado para un lado para ver si podíamos cruzar sin peligro, resulta que venía un coche por el lado contrario. Suerte que no nos ha pasado nada.

Eso sí: se ha puesto a llover.

*Sofía*: **¡Oh, no!**

Nos hemos girado todos para ver qué le pasaba, y Sofía se ha apresurado a taparse la cabeza con las manos mientras decía.

*Sofía*: ***Me voy a mojar el pelo. ¡Y yo que me lo había lavado esta mañana!***

Hugo ha hecho una mueca y ha respondido:

*Hugo*: ***Creo que tenemos problemas más importantes que ese, ¿no?***

Sofía se ha puesto roja, un poco como cuando mi padre se enfada.

*Sofía*: ***Ah sí, ¿listillo? ¿Como cuáles?***

Entonces Hugo se ha encogido de hombros y ha añadido:

*Hugo*: ***No tenemos paraguas, ni techo donde resguardarnos, no tenemos comida, casi no tenemos dinero, no conocemos a nadie de aquí, no sabemos inglés y encima tenemos que encontrar a alguien que nos ayude a arreglar una avioneta. En fin, ¿de veras crees que le importa a alguien tu pelo?***

Por suerte estaba yo para poner paz, porque si no...

*Yo*: ***Chicos, chicos, calmaos por favor. Hugo, nosotras sí sabemos inglés, vamos a una escuela inglesa. Pero tienes razón en todo lo demás. ¿Qué hacemos? Había pensado en entrar en un bar o un restaurante o...***

Justo en ese momento Lucía se ha detenido y me ha tirado de la manga del jersey.

*Lucía:* ***Chicos, mirad. Hay un niño que se está acercando a nosotros...***

Y era verdad. Nos hemos parado los cuatro mientras un chico de más o menos nuestra edad se acercaba a paso supertranquilo, como si nos conociera de toda la vida.

Y otra vez he tenido una sensación extraña, como si en realidad yo también lo conociera a él...

*Chico inglés:* ***Hello! My name is Nico. Are you lost?***

Yo sí que lo he entendido, claro, pero Hugo enseguida me ha dado un codazo y ha dicho hablándome solo a mí:

*Hugo:* ***Martina, traduce, que no entiendo ni papa de lo que ha dicho.***

Yo he abierto la boca para comenzar a traducir, ¡pero no ha hecho falta! Al chico inglés desconocido, Nico, de repente se le ha dibujado una sonrisa gigante en la cara

*Nico:* ***¡Ah! ¡Que habláis español! Perdonadme, empiezo de nuevo: Hola, me llamo Nico. ¿Os habéis perdido?***

Todos estábamos sorprendidísimos. ¿Qué posibilidades había de encontrarnos con un chico que hablara español en medio de Londres? Pues seguro que POQUÍSIMAS. Claro que lo de acabar perdidos en Londres después de un accidente de avioneta tampoco es lo más común del mundo. De todas formas, Lucía ha sido la primera en reaccionar:

*Lucía:* ***¿Hablas español viviendo en Londres? Yo me llamo Lucía y mis amigos son Hugo y Martina. Sofía es mi hermana.***

Y por fin, cuando yo ya estaba lo bastante recuperada de la impresión, también me he adelantado hacia Nico.

*Yo:* ***Hola, yo soy Martina, ¡encantada de conocerte!***

La verdad es que a Nico, después de que nos presentáramos, se le ha puesto una expresión todavía más contenta.

*Nico:* ***¡Encantado de conocerte, Martina! Hablo español porque mi madre era española y mi padre es inglés. Viví en España hasta los siete años, pero al morir mi madre mi padre me trajo a Londres a vivir. Y vosotros, ¿qué hacéis en Londres?***

¿Que qué hacemos en Londres? Buena pregunta. Supongo que lo que deberíamos estar haciendo es buscar un modo de *marcharnos* de

Londres. Vete tú a saber cuánto tiempo llevamos fuera de casa, pero me temo que bastante más de lo recomendable. Me he girado hacia Nico mientras pensaba qué contestarle. Parecía un buen chico. Además hablaba nuestro idioma y conocía la ciudad. ¿Podíamos confiar en él? En realidad, no teníamos muchas más opciones, así que le he dicho:

Yo: **Antes lo has adivinado: nos hemos perdido. Así que supongo que estamos buscando un modo de regresar a casa, en Marbella. ¿Tú podrías ayudarnos a encontrar a alguien que pueda arreglar una avioneta?**

Nico: **¿Una avioneta?**

Lo ha dicho con cara de sorpresa total. De hecho, ha alzado tanto las cejas que se le han quedado ocultas tras el flequillo y por un momento parecía que alguien se las había borrado. Si no fuese porque estábamos perdidos en medio de una ciudad (¡de un país!) desconocido, me habría hecho mucha gracia. Bueno, en realidad me ha hecho mucha gracia igualmente.

Entonces Nico ha dicho:

*Nico:* ***Pues ahora que lo decís, mi padre tiene un amigo que sabe mucho de aviones... Quizá podría ayudaros.***

Esto sí que no me lo esperaba. De hecho, creo que ninguno de nosotros se lo esperaba, porque nos hemos quedado todos con una cara de tontos espectacular. ¿Cómo podíamos tener tanta suerte? (Dentro de la mala suerte de habernos perdido en otro país, claro).

La primera en reaccionar ha sido Sofía:

*Sofía:* ***¿¿¿EN SERIO??? ¡Esto sería genial! ¿Dónde podemos encontrarlo? ¿Nos puedes llevar hasta él?***

Entonces ha pasado algo raro.

Nico no ha dicho que sí enseguida. Ha puesto cara de pensar mucho sobre algo, nos ha mirado a todos, ha vuelto a poner cara de estar pensando algo MUY importante, y al final ha dicho:

NICO: **Vale. Pero con una condición.**

¿QUÉ QUERRÁ?

# ¡SALUDOS DESDE LONDRES!

Pues resulta que Nico se ha quedado encerrado fuera de su casa y quiere que pasemos el día con él. Me explicaré un poco mejor: parece ser que su padre está de viaje de negocios y no vuelve hasta mañana. Nico tenía que cuidar de la casa durante su ausencia, pero ha salido y se ha dejado las llaves dentro y ahora no puede entrar hasta que llegue su padre, así que básicamente él también está perdido (más o menos). Menudas cosas tan raras nos pasan. Pero en fin.

Nos ha contado que si su padre se entera de que no solo ha salido, sino que se ha pasado el día solo en la calle, se va a mosquear mucho. Aquí me he tenido que poner de su parte. Yo sé lo que es que tu padre se mosquee mucho y no es nada divertido. De hecho, mi padre está muy pero que muy mosqueado ahora mismo conmigo, así que aunque sé que tengo que regresar a casa, no me hace ninguna gracia tener que enfrentarme a su enfado. Por eso he pensado que no sería taaaaaan mala idea retrasar un poco nuestra vuelta para ayudar a Nico. De todos modos, lo necesitamos para arreglar la avioneta, ¿no?

Así que le he dicho que nos quedaríamos con él hasta que volviese su padre. Luego nos llevarán a ver la persona que puede arreglarnos la avioneta y volveremos a casa. ¡Solucionado!

Lucía no parecía muy convencida al principio (creo que ella sí tiene ganas de regresar a casa enseguida), pero al final entre todos la hemos convencido de que era NUESTRA ÚNICA OPCIÓN.

Cuando finalmente ha aceptado, nos hemos puesto manos a la obra: teníamos UN DÍA ENTERO para pasar en Londres. ¿Qué íbamos a hacer? ¡Hay tantas cosas por ver! ¿Por dónde empezar?

Entonces Hugo ha preguntado:

*Hugo:* **¿Cómo se llama este barrio?**

Antes de que Nico pudiera responder a la pregunta de Hugo, yo me he adelantado. Lo he leído en uno de los carteles que había por la calle.

*Yo:* ***Se llama Notting Hill...***

Iba a añadir más cosas para que Hugo supiera que sé de qué hablo. En mi colegio, como es un colegio inglés, a veces nos hablan de Gran Bretaña y de Londres. Notting Hill es un barrio residencial de Londres, uno de los más populares para vivir y también de los más visitados por los turistas. La verdad, ¡todo lo que hemos visto hasta ahora, mientras paseábamos, nos ha encantado!

De lo único que voy a quejarme es del tiempo, que es malísimo. ¡Solo llevamos poco más de una hora y ya echo de menos el sol de Marbella! Especialmente porque, de repente, hemos escuchado un trueno y se ha puesto a llover más fuerte. Desde luego, no podíamos hacer turismo con este tiempo.

*Sofía:* ***Oye, Hugo, ¿qué te parece si nosotros dos vamos buscando sitio para refugiarnos mientras..?***

¡Vaya con Sofía! Enseguida he sabido por qué proponía que ella y Hugo fueran a buscar un sitio para resguardarnos de la lluvia. ¡Qué morro! ¡Quería estar a solas con Hugo! ¡A solas! Me he indignado tanto que se me ha escapado un:

Yo: ***¡No! ¡No lo permitiré!***

Prometo que no quería decirlo en voz alta, pero es que de verdad me ha parecido muy fuerte que, después de confesarle que me gustaba Hugo, Sofía intentara quedárselo para ella otra vez, y no iba a dejar que me quitara mi oportunidad. Lucía, que ha visto que su hermana y yo en un momento volveríamos a discutirnos, ha dado un paso hacia delante.

Lucía: ***Chicas, chicas, no os peleéis más. ¿No os parece más lógico que busquemos un sitio para refugiarnos todos juntos? Así es más difícil que nos perdamos.***

La verdad es que yo seguía enfadada con Sofía, pero Lucía tenía razón. Además, aunque habría preferido ir SOLA con Hugo a buscar refugio, hacerlo todos juntos tampoco era tan mala idea. He mirado a nuestro alrededor y entonces he visto un precioso toldo de color rosa en una casita toda pintada de blanco. ¡Una pastelería!

*Yo:* ***¡Chicos! ¿Os apetece tomar algo? ¡Está claro que no podemos hacer turismo con el estómago vacío!***

Y entonces Lucía ha dicho algo terrible y horroroso, pero a la vez muy cierto:

*Lucía:* ***¡Pero si casi no tenemos dinero!***

Ya me estaba despidiendo mentalmente de los pasteles y dulces cuando Nico ha dicho:

*Nico:* ***No os preocupéis: yo sí tengo dinero. ¡Os invito!***

A todos les ha parecido una buena idea, lo cual me ha alegrado mucho porque esto quería decir que iba a poder comer algo dulce. Y que no nos mojaríamos del todo.

**RECETA FÁCIL DE «CUPCAKES»** (*cupcake* es lo que nosotros llamaríamos magdalena, pero en inglés yo creo que queda más guay)

Ingredientes:
2 tazas de harina
2 tazas de azúcar
100 gramos de mantequilla
3 huevos
2 cucharadas de levadura en polvo
ralladura de limón

**Preparación: mezclar todos los ingredientes hasta que quede una masa sin grumos. Repartir la masa en varios moldes y meterlos en el horno 20 minutos a 180 grados. Los *cupcakes* se pueden comer tal cual (¡y están riquísimos!) o se puede hacer un *topping* o una cubierta por encima. Para el *topping* se pueden batir claras de huevo hasta que quedan a punto de nieve (se quedan de color blanco y como la espuma, vamos) y luego mezclarlas con azúcar y algún colorante o algún sabor (tipo vainilla). ¡Riquísimo!**

Esta es una receta que aprendimos en la escuela. La preparé en casa con mi hermana hace meses (no diré que nos salieron riquísimos para no parecer poco humilde. Bueno, no, vale, nos salieron deliciosos de verdad). He pensado en la receta porque, cuando he propuesto que entráramos en la pastelería, ya me imaginaba que encontraríamos unos deliciosos *cupcakes*. Supongo que mis amigos pensaban lo mismo, porque hemos entrado todos a la vez como si fuéramos una manada de rinocerontes en una tienda de cristales.

Yo, sin pensármelo, me he sentado al lado de Hugo (vale, sí, me lo he pensado un poco, pero...) y Nico se ha sentado entre Sofía y Lucía. Luego ha venido un señor mayor, que debía de ser uno de los propietarios de la pastelería del toldo rosa, y nos ha preguntado qué queríamos. Nico ha pedido una magdalena (un *cupcake*, vamos) de fresa, Sofía una de arándanos, Lucía y Hugo una de chocolate y yo una de vainilla con *topping* (que es lo que he explicado antes, una cubierta dulce que se hace con clara de huevo o a veces mantequilla o queso) de kiwi.

¡A COMER!

Pobres *cupcakes*, apenas nos han durado unos minutos. ¡Estábamos muertos de hambre! Claro que es normal: ¡vivir aventuras consume mucha energía! Eso sí, cuando ya no quedaban ni las migas de los *cupcakes*, nos sentíamos mucho mejor. Además, lo mejor estaba por venir: justo en ese momento ha dejado de llover y al cabo de unos pocos minutos incluso ha salido un poco el sol...

## ¡Y un arcoíris!

Me he quedado con la boca abierta al verlo. Me ha parecido el arcoíris más bonito y más brillante de todos los que he visto en mi vida.

Lucía se ha inclinado hacia el escaparate de cristal de la pastelería y de repente ha señalado hacia el cielo.

Lucía: **¡Mira, Martina! ¡Un unicornio que vomita helado!**

Yo tendría que haber sospechado algo, porque, a ver, ¿un unicornio? ¿En serio? (Pero, claro, después del día que hemos tenido, todo me parecía posible.) Así que le he preguntado:

Yo: **¡¿Dónde?!** *(Incluso me he acercado al escaparate)* **¡No lo veo!**

Por supuesto, Lucía se ha puesto a reír enseguida y después lo ha hecho Sofía mientras me decía que era una broma. La verdad, a mí no me ha hecho ninguna gracia. En realidad, me ha hecho tan poca gracia que se lo he dejado bien claro:

Yo: **¡No tiene gracia!**

Lo peor ha sido que Hugo también se estaba riendo y ha dicho que sí, que un poco de gracia sí había tenido la broma de Lucía. Pero ¿en serio? ¡Yo no se la veía por ninguna parte! Me he cruzado de brazos, intentando no enfadarme, aunque me estaba costando horrores, pero por suerte me ha durado poco, porque entonces Nico ha puesto las manos sobre la mesa.

*Nico:* ***¡Chicos! Se me ha ocurrido una* idea *brillante. ¿Qué os parece si vamos al cine? Estrenan una película muy buena que se llama* El Tesoro de Jack.**

¡Al cine! ¡A mí me encanta el cine! Me encanta hundirme en las butacas y el olor a palomitas recién hechas. Nico no ha podido tener una idea más genial. A los demás también les ha parecido estupenda, porque después de que yo haya gritado:

*Martina:* ***¡Sí, sí, sí! ¡Me apetece muchísimo!***

se han apuntado enseguida.

Hemos tardado un poco en llegar, pero lo hemos hecho justo a tiempo, cuando solo faltaban diez minutos para que empezara la peli. Por suerte, Nico conocía al chico que trabajaba en la sala y nos han dejado pasar gratis. ¡Toma! Además nos ha dado tiempo a coger palomitas (que es, ya os lo he dicho, una de las cosas que más me gusta de ir al cine. A veces en casa, si nos da por mirar una peli, las hacemos en el microondas, pero NO SABEN IGUAL). Hemos pedido tres cubos, porque Sofía y Nico

no querían, y luego hemos entrado en la sala. Nada más poner los pies dentro, he sabido que había valido la pena venir: la sala del cine era PRECIOSA. Parecía una réplica del antiguo oeste americano. ¿Sabéis cómo son los salones donde hacían los espectáculos de cancán?

¡Pues así estaba decorada por dentro!

Cuando apagaron las luces porque iba a comenzar la película, nos hemos ido sentando: primero Sofía, luego Nico, Hugo, yo (¡yupi! ¡Al lado de Hugo!) y Lucía al final de la fila. Ha habido un poco de lío, porque justo cuando ya estábamos sentados, Nico ha decidido que él también quería palomitas, pero al final no ha podido ir a buscarlas porque en ese momento ha comenzado la película.

Y entonces han pasado tres cosas: una mala, una buena y una remalísima.

La mala es que como al final Nico se ha quedado sin sus palomitas, yo he compartido las mías con él y se me han acabado a media película (¡y una película sin palomitas no tiene gracia!)

La buena es que entonces Hugo se ha comportado como un caballero y me ha ofrecido compartir SUS palomitas. ¡AY! ¡Me es difícil admitirlo, pero estoy megaenamorada de él!

Y la REMALÍSIMA. Es tan mala que no sé si podré escribirla.

Bueno, lo intento.

Me he inclinado hacia Hugo para susurrarle:

*Yo:* **No sé cómo agradecértelo, Hugo.**

Él se ha reído en voz muy baja para no molestar a los demás. Hasta aquí, todo bien. Pero entonces ha añadido una cosa terrible. Terrible de verdad.

*Hugo:* **No me tienes que agradecer nada. Somos amigos, ¿no?**

AMIGOS

AMIGOS

AMIGOS

¡Es la palabra más fea que te puede decir el chico del que estás enamorada!

¡ESTA AVENTURA CADA VEZ SE PONE PEOR!

Al salir del cine yo no podía pensar en nada que no fueran los preciosos ojos verdes de Hugo. En sus ojos y en que yo quería ser más que amiga para él, pero... no sabía cómo mostrárselo. ¡Qué desastre! Y en eso mismo he seguido pensando cuando, entre todos, hemos decidido dar una vuelta por Londres. Es que, a ver, había que hacer un poco de turismo, ¿no? Y nosotros no conocíamos la ciudad, pero Nico sí.

Por suerte, poco a poco, mi cabeza ha vuelto a su sitio y he comenzado a fijarme en todo lo que veíamos: la gente (en Londres vive una BARBARIDAD de gente, de verdad. Había momentos que teníamos que movernos en fila india, porque, si no, no podíamos pasar por la calle), las luces y los autobuses. En Londres tienen unos autobuses rarísimos, de dos pisos y de color rojo. No hemos podido resistirnos a la tentación de colarnos en uno de ellos para ver la ciudad.

## COSAS CHULAS QUE HEMOS VISTO EN LONDRES:

☆ **El Albert & Victoria Museum**, que en castellano lo llamaríamos Museo de Victoria y Alberto, llamado así por la reina Victoria, que vivió hace más de cien años, y su marido, Alberto. Fácil. El edificio es PRECIOSO. Nos hemos hecho un montón de fotos allí, porque es lo que se hace en Londres cuando haces turismo: hacerte fotos.

☆ **La abadía de Westminster**, que es una iglesia muy grande, al lado del río Támesis. Es el lugar donde se corona a los reyes ingleses y donde hay un montón de gente famosa enterrada. Allí nos hemos hecho... más y más fotos, ¡claro!

**El Big Ben**, que es esa torre con un reloj tan grande que se ve en todas las películas. En realidad, el Big Ben es parte del Parlamento de Inglaterra, es decir, donde se reúnen los políticos. ¡FOTO!

¿Y qué hace uno después de caminar durante un montón de rato y de pasar un calor terrible? ¡Pues tomar algo fresquito! De hecho, cuando ya nos alejábamos del museo, Hugo ha dicho:

Hugo: ***Chicos, no quiero caminar más. Estoy sofocado por el calor.***

Y no solo él. Todos estábamos igual. Por suerte, hemos visto una heladería al final de la calle por la que caminábamos y hemos corrido todos para allá.

Ya más frescos y recuperados gracias a nuestros helados (el mío de fresa, ¡claro!), he tenido una idea:

Yo: ***Chicos, me quiero hacer un tatuaje. ¿Os lo hacéis conmigo?***

La idea no me ha venido así de repente porque sí. En realidad, frente a la heladería había un estudio de tatuajes, y ¿qué mejor manera de recordar para siempre nuestra aventura que tatuándonos?

He mirado a mis amigos temiéndome que no querrían, pero Hugo ha dicho que sí enseguida, y luego Nico, y luego las chicas. ¡Decidido!

El estudio era precioso. Tenía una campanita enganchada a la puerta, y al entrar ha sonado como si un montón de hadas empezaran a dar palmas. En las paredes había cantidad de dibujos, supongo que para que la gente que entraba pudiera elegir qué tatuarse, pero yo ya lo tenía claro: quería el signo del infinito, ese que es como un número ocho puesto de lado. Mientras esperábamos que nos atendieran, he convencido a los demás para que se hicieran el mismo.

Y ¿sabéis qué? El tatuaje ha quedado GENIAL. Nos lo hemos hecho todos en el brazo. Solo ha habido un problema... que somos menores de edad y hasta que no cumplamos die-

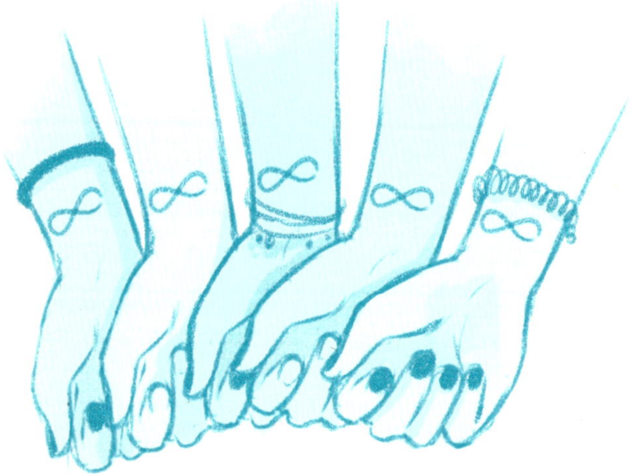

ciocho años no podemos hacernos un tatuaje permanente. ¡Pero sí uno temporal! El tatuador, que era supersimpático, ha usado un rotulador especial que no se borra hasta al cabo de unos días para dibujarnos a todos el símbolo de infinito. Qué pena... O no, claro. Bien pensado, es mejor así. Primero, porque de esa forma no nos ha hecho nada de daño (¡los tatuajes duelen! Un tatuaje se hace clavando una aguja pequeñísima muchas veces bajo la piel, así que ya os lo podéis imaginar). Nosotros lo único que hemos notado han sido muchas cosquillas. Segundo, porque, bueno, si después de desaparecer de mi casa regresara con un tatuaje, puede que a mis padres les diera un ataque al corazón. Y tercero, porque nos ha salido gratis. ¡Hurra!

Tendré que esperarme a cumplir dieciocho años. Pero ¡no queda tanto!

Total, que al salir del estudio parecía que el día iba a acabar bien. Y en verdad ha sido así, solo hemos tenido un problemilla de nada durante la cena.

Después de pasear otro buen rato, nos ha entrado hambre y Nico ha propuesto ir a un McDonald's para cenar. Pero ¿en serio? ¿Un McDonald's? ¡Venga, hombre! Ninguno de nosotros habíamos estado antes en Londres (excepto Nico, claro, por eso a él no le importaba ir a un lugar así). ¡Hay que ir a un restaurante de verdad!

Suerte que Lucía me entiende, porque enseguida se ha plantado frente a Nico y ha dicho:

Lucía: **_Oye, Nico, yo pensaba que a lo mejor podríamos ir todos a un restaurante de verdad, no a uno de comida rápida..._**

Y se nota que Nico es muy buen chico, porque enseguida ha sonreído:

Nico: **_Bueno. Entonces ¿a dónde os apetece ir? Yo me apunto a lo que digáis._**

Ha sido fácil elegir. Sofía ha visto un restaurante a rebosar de gente. Y un restaurante lleno de gente suele significar que es bueno, así que hemos decidido entrar a probar.

Y hemos acertado. De verdad. El restaurante era genial. Nada más entrar hemos visto una de esas típicas lámparas de araña con unas luces blancas pequeñitas y en el suelo, una larga alfombra roja que te guiaba hasta el fondo. ¡Me he sentido como una reina!

Hemos elegido una mesa en un rincón y entonces… ¿verdad que os he dicho antes que habíamos tenido un problemilla? Pues el problema ha sido que, a la hora de sentarse, SOFÍA, mi amiga Sofía, se ha puesto al lado de Hugo.

Y no hace falta recordar que a mí me gusta Hugo, por mucho que él me haya dicho que somos amigos.

¿Qué he hecho yo, entonces? Porque no iba a dejar pasar la oportunidad de estar cerca de él… así que como soy muy lista, le he dicho rápidamente a Sofía:

Yo: **Sofi, creo que esta silla está sucia. ¿Qué te parece esta otra?** *(Le he señalado otra silla en la otra punta de la mesa.)* **Ya me siento yo en la que está sucia, ¿vale? No me importa.**

Y como Sofía no se ha dado cuenta de que mi intención era, precisamente, que no se sentara al lado de Hugo, me ha cambiado el sitio. ¡Yeah!

Yo ya estaba más que contenta por sentarme junto al chico que me gusta, cuando al cabo de poco ha venido el camarero a preguntarnos qué queríamos para comer. ¡Y qué casualidad! Tanto Hugo como yo queríamos espaguetis a la boloñesa. El camarero nos ha dicho que las raciones eran muy grandes y hemos decidido compartir plato.

En ese momento se me ha ocurrido una idea.

¡Quizá podía demostrarle a Hugo, de una vez por todas, que me gusta!

¡deseadme suerte!

Veamos, primero, debería explicar la idea y luego el PLAN que he llevado a cabo. Todo el mundo ha visto la película *La Dama y el Vagabundo*, ¿verdad? (Y si no, ¡CORRED A VERLA!) Pues en la peli hay una escena en la que los protagonistas cenan en un restaurante italiano y comen unos espaguetis...

larguíííííííííísimos y...

Seguro que todos los que habéis visto la peli sabéis cuál ha sido mi idea...

Pues bien, después de pensar en la idea me he levantado (he dicho que iba al baño para que nadie sospechara) y me he acercado al camarero:

Yo: **Excuse me, Sir. I have a very particular taste and I would like to ask for extra long spaghetti, please.**

**Traducción:**

*Yo:* ***Perdone, señor, tengo unos gustos muy particulares y me gustaría pedir espaguetis extralargos, por favor.***

El camarero me ha dicho que no había ningún problema. ¡Bien!

Mi plan era perfecto. Quería los espaguetis largos para que, cuando llegara la hora en que Hugo y yo tuviéramos que compartirlos, pasara como en la película de *La Dama y el Vagabundo*.

A los pocos minutos el camarero ha regresado con nuestra comida y ¡llevaba un plato con los espaguetis más largos que he visto en mi vida! Incluso Sofía se ha dado cuenta, porque ha exclamado:

*Sofía:* ***¡Ala, Martina! ¿No crees que son DEMASIADO LARGOS?***

Creo que sospechaba algo, porque mientras me lo decía, me miraba con cara amenazante. De hecho, lo he estado pensando y creo que ya

sé lo que ha pasado: cuando he ido a hablar con el camarero se ha fijado en que la silla no estaba sucia y ha empezado a sospechar de mí. ¡Ups!

Por suerte, el que no se ha dado cuenta de nada es Hugo, porque se ha reído, muy inocente y muy adorable, él.

*Hugo:* **¡Ya ves! ¡Son larguísimos! Creo que no nos vamos a quedar con hambre...**

Hemos empezado a comer. Yo solo esperaba que en algún momento Hugo cogiera de un extremo un espagueti largo, pero... ¡no había manera! Comíamos y comíamos, y nada... He comenzado a desesperarme. No sabía si al final lograría que pasara como en la película, pero cuando ya casi habíamos terminado... ¡ha ocurrido!

Ha sido como un sueño. Hugo se ha llevado un espagueti largo a la boca y yo rápidamente he cogido el mismo espagueti por el otro extremo. Y luego todo ha ido a cámara lenta, como en las pelis: nos hemos mirado el uno al otro mientras tirábamos del espagueti, y mi corazón ha comenzado a latir a mil por hora. He de decir

que también estaba un poco nerviosa, porque con el rabillo del ojo podía ver la cara roja y borrosa de Sofía, que me miraba con ojos saltones, y a la vez el humo que le salía por las orejas.

Vale, no le salía humo de verdad, pero casi. Ponía tan mala cara que incluso Lucía se ha dado cuenta:

*Lucía:* ***Sofía, ¿te encuentras mal? ¿Te acompaño al baño?***

Y Sofía, superenfadada (casi se le caían las lágrimas), ha dicho que no, que estaba bien. Pero quedaba claro que no estaba bien NI DE BROMA.

Así pues, como decía antes, mi plan de recrear la escena de *La Dama y el Vagabundo* no ha salido exactamente como quería, porque mi amiga se ha enfadado y, además, con todo el alboroto, Hugo se ha acabado su parte del espagueti y ya no ha cogido ningún otro. Vaya.

Después de cenar, las cosas han ido incluso a peor. Cuando ya estábamos en la calle, Sofía seguía con una cara tan larga que Nico se ha acercado a ella para preguntar:

NICO: **_Sofía, no quiero ser pesado, pero sé que te pasa algo. ¿No te ha gustado la comida?_**

¿Sabéis qué pasa cuando tienes ganas de llorar y alguien te pregunta qué te ocurre? Pues que lloras. Y eso es lo que le ha ocurrido a Sofía, que se ha echado a llorar allí mismo.

Yo sabía perfectamente lo que le pasaba y la

verdad es que me he sentido un poquito culpable, porque aunque Hugo me gustara muchisísimo, no me gustaba ver a mi mejor amiga así. Por eso me he acercado para consolarla y le he dado el abrazo más fuerte que he podido. Sofía entonces ha respirado muy hondo, como cogiendo fuerzas, y me ha susurrado:

Sofía: ***Martina, me ha molestado lo del restaurante, y tú sabes de sobra a qué me refiero...***

De repente he notado como si tuviera una piedra en el estómago. Quizá... quizá me he dejado llevar demasiado por toda la situación. Me gusta tanto Hugo que no he pensado que me gusta todavía más ser amiga de Sofía...

Yo: ***Lo siento, Sofía, lo siento...*** *(Y la he abrazado otra vez, todavía más fuerte.)* ***No sé qué más decirte, sé que he cometido un error, pero no sé cómo arreglarlo... Hugo no es un juguete que podamos compartir...***

Sofía me ha mirado con una sonrisa, pero con la expresión todavía triste.

*Sofía:* **De todas formas, está claro que tú le caes mejor que yo...**

Entonces he escuchado la voz de Hugo. Una voz como de mariposa revoloteando por el cielo de las hadas.

*Hugo:* **Martina...**

*Yo:* **¿Qué, Hugo?** *(le he dicho yo, embobada. Me encanta cuando dice mi nombre).*

*Hugo:* **No sé si es cosa mía, pero... no veo a Lucía desde hace un buen rato.**

¡Ostras! Y Hugo tenía razón, porque hemos mirado a nuestro alrededor y no había rastro de Lucía. La cabeza se me ha llenado de preguntas. ¿Dónde estaba? ¿Y si la habían secuestrado? ¿Y si...? Pero de repente Hugo ha puesto su suave mano encima de mi hombro y ha dicho:

*Hugo:* **Tranquilízate, ya aparecerá...**

Yo me he quedado tranquila al instante, pero ¡Sofía, no! Sofía, que nos ha escuchado, ha comenzado a llorar con más ganas y ha gritado:

¡TENEMOS QUE ENCONTRAR A LUCÍA!

Vale. Pues ya la hemos encontrado. ¡Estoy tan aliviada que ni siquiera tengo fuerzas para enfadarme con ella! Y eso que nos ha costado un buen rato. Casi media hora de correr por las calles alrededor del restaurante, gritando su nombre. Incluso hemos preguntado a la gente que paseaba por allí, pero no ha habido manera.

¿Y sabéis dónde la hemos encontrado? ¡Pues frente a una librería en la misma calle donde habíamos cenado! Y cuando ella nos ha visto, lo único que se le ha ocurrido decir ha sido:

*Lucía:* **¡Hola, chicos! ¿Cómo estáis?**

En serio, treinta minutos corriendo de acá para allá, preocupadísimos, y va y nos dice eso... Por lo menos enseguida se ha dado cuenta de lo enfadados que estábamos, por-

que ha bajado la cabeza y ha susurrado avergonzada:

*Lucía*: ***Perdón, chicos, es que mientras estabais discutiendo he visto un libro de aventuras en el escaparate de la librería y he entrado para echarle una ojeada y he acabado leyéndolo...***

Lo raro ha sido que Sofía, en vez de sentirse aliviada, se ha puesto como loca:

*Sofía:* **¡Eres la peor hermana del mundo mundial! ¿Acaso no te das cuenta de cuánto me has hecho sufrir? ¡Pensaba que no volvería a verte nunca!**

Pobre, Sofía. Está claro que se ha llevado un susto de muerte. Entre esto y el chasco que se ha llevado ya por lo del restaurante...

Por suerte, Hugo, que como muchos chicos no sabe qué hacer cuando una chica llora, ha intentado suavizar la situación cambiando de tema:

*Hugo:* **Bueno... qué chulo se ve tu tatuaje cuando le da la luz de tarde, Sofía.**

Muy listo, Hugo.

De repente la expresión de Sofía ha cambiado y ha pasado de tener el ceño fruncido a una sonrisa preciosa. Yo he tratado de ignorarlo, porque está claro que, con todo, a Sofía sigue gustándole Hugo, por eso se ha puesto contenta... Por lo menos, he pensado para consolarme, aunque mi plan con Hugo ha salido mal, a Lucía no le ha pasado nada...

No puedo dormir. Y lo he intentado todo, ¿eh? He intentado no pensar en nada. He intentado respirar muy muy despacio para relajarme. Incluso he intentado contar ovejas, pero cuando estaba por la trescientas y algo me he dado cuenta de que no funcionaría. ¿Por qué? Bueno, primero, porque por muchas ovejas que contara, todas tenían la cara de HUGO. ¡Que sí! Y en vez de hacer «beee» como hacen las ovejas, hacían: «amiiiiiiiigos», que es lo que él me ha dicho en el cine. Que somos «amigos», pero ¡yo

no quiero ser su amiga! Bueno, sí, claro que quiero ser su amiga, pero ¡ya me entendéis!

¿Por qué no puedo dormir? Segundo. Pues porque, la verdad, dormir encima de un árbol es SUPERINCÓMODO.

Que sí. En un árbol.

Escribir en un árbol también es bastante raro, pero me he puesto mi CUADERNO DE EXPERIMENTOS, que ahora ya es una CUADERNO DE AVENTURAS, en las rodillas, el móvil con la linterna encendida sobre el hombro y, ya que no puedo dormir, pues voy a explicar por qué estamos en el dichoso árbol. Veamos:

Después de la cena, de la pelea con Sofía y de perder (y encontrar) a Lucía, nos hemos dado cuenta de que ya estaba anocheciendo. Todas las farolas estaban encendidas y había mucha menos gente por las calles. Cuando hemos comprobado la hora, resulta que eran más de las nueve de la noche. No es muy tarde, ya lo sé. Cualquier día normal, a las nueve de la noche yo estaría cenando o viendo la tele o en el ordenador o leyendo, pero hoy no ha sido un día normal. Hoy ha sido, en realidad, un día muy raro y también muy largo.

## LISTA DE COSAS QUE HAN PASADO EN ESTE DÍA:

- He hecho un experimento con garbanzos explosivos y el experimento ha salido mal.

- Mi padre me ha castigado.

- Me he escapado de casa para jugar con mis amigas.

- Hemos encontrado una avioneta abandonada.

- La avioneta ha despegado accidentalmente y nos hemos estrellado en LONDRES.

- Hemos conocido a Nico y a Hugo.

- Hemos comido *cupcakes*.

- Hemos ido al cine.

- Hugo me ha dicho que somos AMIGOS cuando yo estoy enamorada de él. (Sigo pensando en el tema, ¿vale?)

- Hemos tomado helado y hemos ido a cenar y durante un rato hemos pensado que Lucía se había perdido.

Vista esta lista, es normal que Lucía dijera:

Lucía: **Chicos, ¿no creéis que se ha hecho tarde y deberíamos buscar un lugar donde dormir?**

Por supuesto, tenía razón. En realidad, yo así se lo he dicho:

Martina: **Sí. Tienes toda la razón, mejor que nos pongamos en marcha.**

Porque cuando he mirado a los demás, me he dado cuenta de que todos estábamos agotados.

El problema era que no sabíamos a dónde ir. No podíamos ir a casa de Nico, porque no teníamos llaves para entrar, así que hemos comenzado a caminar con la intención de buscar un lugar tranquilo para pasar la noche. Estaba claro que tendríamos que escondernos, porque no podíamos arriesgarnos a que un policía nos encontrara y nos preguntara dónde estaban nuestros padres. O peor, que lograra avisarles y contarles lo que habíamos hecho. Entonces tendríamos un problema de los gordos. Más problemas de los gordos, quiero decir.

Hemos andado un buen rato en silencio (estábamos todos demasiado cansados para hablar) y entonces la he visto: una luz. Una luz brillante. Y se me ha escapado un:

Martina: **¡Uau! ¡Es increíble!**

Parecía una mansión. Un edificio enorme, blanco, con columnas en la entrada. Estaba rodeado de árboles, porque estaba justo al lado de un parque, como si todo el parque fuera un jardín gigante. La luz que me había llamado la atención era un cartel luminoso donde ponía «HOTEL» en letras grandes y doradas.

¡UN HOTEL!

A mí, si tengo que ser sincera, me ENCANTAN los hoteles. No diré que el hotel sea lo que más me gusta cuando voy de vacaciones con mi familia, pero... casi. Porque con mis padres siempre vamos a hoteles superbonitos y además:

**COSAS GENIALES DE LOS HOTELES**

☆ **Los desayunos de hotel.** En los hoteles hay DE TODO y puedes probar un poco de cada cosa. Una vez fuimos a un hotel donde había un cocinero que estaba ahí solo para

preparar tortillas! Porque resulta que, en un montón de lugares del mundo, se comen tortillas para desayunar. Tú te acercabas a él y le decías si querías una tortilla con jamón o con queso o con lo que fuera, y te la preparaba en un santiamén. En serio, los desayunos de hotel son lo más.

- **Las televisiones de hotel.** Puedes ver la televisión de otros países y los programas que hacen, aunque a veces no puedas entender lo que dicen. Y mejor incluso, ves películas o series en otro idioma, y es divertidísimo escuchar las voces raras que les ponen a los actores.

- ¡Esto es lo mejor de todo! **¡QUE EN UN HOTEL TE HACEN LA CAMA Y TE LIMPIAN LA HABITACIÓN!**

Entonces mis amigos también se han dado la vuelta para mirar el hotel y se han quedado con la boca abierta. Hugo incluso lo ha señalado con un dedo y ha dicho:

*Hugo:* **¿A que sí?**

Por un segundo he pensado que Hugo me estaba dando la razón y me he puesto supercontenta de haber encontrado el hotel, pero enseguida he entendido que no.

Resulta que él veía la situación con otros ojos y que en vez de señalar el hotel, estaba señalando un árbol gigantesco que estaba justo al lado. En serio.

Al principio he pensado que Hugo se equivocaba por culpa del cansancio pero enseguida ha confirmado mis sospechas cuando ha añadido:

*Hugo:* ***Me parece que ya hemos encontrado un sitio perfecto para dormir. ¿No creéis que en el árbol estaremos bien?***

Lo que yo creo es que, en ese momento, Lucía me ha visto la cara de desilusión, porque se ha acercado a mí riéndose:

*Lucía:* ***Ay, Martina... ¡Creo que las dos pensábamos en el hotel! ¿A que sí?***

Lucía sí me entiende. Por eso, aunque nos peleemos a veces, somos tan buenas amigas. Y estoy segura de que Sofía también pensaba lo mismo que nosotras sobre si dormir en un hotel o en el árbol, pero la pobre parecía un zombi. Y con razón, porque al mirar el reloj he visto que, después de tanto caminar, ya eran las once y media de la noche, así que solo ha dicho, tan flojito que parecía que iba a quedarse dormida de pie:

*Sofía:* ***Por favor, decidme que ya hemos encontrado un sitio para echar una cabezadita. ¡Es que ya no aguanto más!***

Nico le ha puesto una mano en el hombro a Sofía (quizá temía que se cayera, porque se le estaban cerrando los ojos) y ha exclamado:

NICO: ***Tranquila, Sofía, que el amable Hugo ya nos ha encontrado un sitio donde dormir: ¡un árbol al lado de... UN HOTEL!***

Lo ha dicho en un tono muy irónico, pero la cosa no ha pasado de ahí. Hugo nos ha mirado a todos y luego ha comenzado a caminar hacia el árbol.

*Hugo:* ***Bueno, a mí no me echéis la culpa. ¿O alguno de nosotros puede pagar un hotel de cinco estrellas?***

Y no. La verdad es que ninguno de nosotros tenía tanto dinero. Y así hemos acabado Sofía, Lucía, Hugo, Nico y yo encaramados en el árbol. Y así es como yo me he quedado media noche sin dormir, porque vale que el árbol es grande y las ramas son muy anchas y cada uno hemos podido elegir una donde tumbarnos, pero la verdad, cómodo, lo que se dice cómodo, no es.

Aunque debo reconocer que... finalmente sí que me está entrando un poco de sueño...

Al final he dormido. A pesar de que las ramas del árbol se me estaban clavando en la espalda y a pesar de que no tenía ni una almohada, ni sábanas, y de que todavía llevaba la misma ropa del día anterior, me he dormido tan profundamente que he dado un bote del susto al escuchar esto:

¡BUENOS DÍAS!

Era Nico, pero, claro, yo todavía estaba medio zombi y en vez de reconocer su voz me he pegado un susto de muerte y casi me caigo del dichoso árbol. Ya solo me habría faltado eso, caerme y hacerme un chichón en la cabeza. Por suerte, tengo un equilibrio excelente, porque desde hace años voy a clases de baile y de equitación, y he podido disimular. Aunque juraría que Nico se ha reído un poco, y no era solo porque estaba de buen humor.

Poco a poco, los demás han ido abriendo los ojos también, cada uno desde la rama donde había estado durmiendo. Lucía se ha frotado los ojos y luego se ha pasado la mano por el pelo, que lo tenía superdespeinado, como un nido de pájaros. Entonces me he pegado el segundo susto de la mañana, porque me he dado cuenta de que ¡quizá mi pelo estaba igual que el de Lucía! Pero no podía arreglarlo, claro: no tengo ni espejo ni peine ni nada... Suerte que Nico ha hecho una propuesta que me ha distraído:

Nico: ***¡Chicos! ¿Sabéis qué podríamos hacer hoy? ¡Podríamos ir al London Eye!***

Enseguida Hugo se ha desperezado, ha bajado del árbol de un salto y ha dicho con el ceño fruncido:

Hugo: ***¿El London Eye? Pero ¿no llega hoy tu padre? ¡Tenemos que ir a buscar a su amigo para que nos arregle la avioneta!***

Yo he pensado lo mismo pero Nico ha dicho:

*Nico*: **Pero todavía tenemos tiempo. Además, el London Eye es una de las norias más grandes del mundo. ¡Puede verse todo Londres desde arriba!**

Yo ya sabía lo que es el London Eye porque lo habíamos estudiado en la escuela, y por eso estaba convencida de que la idea de Nico era genial. Y Sofía, que tiene muy buen criterio para esas cosas, se ha apuntado enseguida.

De hecho, ella también ha saltado del árbol al suelo y ha dicho, entusiasmada:

*Sofía*: **¿En serio? ¡Me encantan las norias! ¡Yo quiero! ¡Yo quiero!**
***Incluso me ha contagiado su entusiasmo:***

*Yo*: **¡Lo pasaremos genial!**

*A la porra si llevo el pelo hecho un desastre y la ropa arrugada*, he pensado. *¡Vámonos todos al London Eye!* Estaba tan emocionada con la idea que no me he dado cuenta de que Lucía todavía no había dicho nada desde que nos hemos despertado. Por suerte, Nico sí, y se ha acercado a ella.

*Nico*: **¿Y tú qué dices, Lucía? ¿Te apetece ir?**

Lucía se ha quedado callada. A mí me parecía que ya sabía por qué...

*Lucía*: **Bueno, yo...**

*Hugo*: **¿Y bien...?**

Lucía ha bajado la cabeza. Me ha dado la impresión de que echaría a correr o a llorar, así que he tenido que decirlo. He tenido que decir por qué Lucía no quería ir a la noria:

*Yo:* ***A Lucía le dan miedo las alturas...***

Y me he arrepentido enseguida, porque a Lucía le ha cambiado la cara. Se ha puesto roja roja, no sé si de vergüenza o porque estaba enfadada. Bueno, creo que estaba enfadada.

*Lucía:* **¡Gracias por chivarte, Martina! ¡Qué buena amiga eres! A la próxima me lo pensaré dos veces antes de contarte nada más...**

Por suerte ha intervenido Sofía, o ya habríamos tenido montada otra pelea...

*Sofía:* ***Perdónala, Lucía, si no, nos estaremos aquí discutiendo hasta la tarde. Seguro que Martina no lo ha hecho para molestarte...***

Y tiene toda la razón. ¡Lucía es mi amiga! Y a las amigas se las APOYA y se las AYUDA. Pero está claro que Lucía se ha molestado de verdad, porque entonces ha agachado la cabeza y ha murmurado con un hilo de voz:

Lucía: **Pero van a pensar que soy una miedica... Y es que de verdad, si me subo a algo más alto que una casa de dos pisos, yo...**

Exactamente AL MISMO TIEMPO, los cuatro —Nico, Hugo, Sofía y yo— hemos exclamado que NO. Que jamás pensaríamos algo así de ella. Que sabemos que es una chica supervaliente (¡y es verdad! Lucía ES valiente) y que no le gusten las alturas no significa lo contrario. Solo significa que no le gustan las alturas. Y punto.

Enseguida me ha dado la impresión de que Lucía se sentía un poco mejor y, para acabarlo de arreglar, he gritado: ¡ABRAZO COLECTIVO!, que es lo mejor del mundo para alegrar a alguien. Y los cuatro hemos rodeado a Lucía para darle un abrazo fuertísimo, tan fuerte que se ha echado a reír. Mientras estábamos todos ocupados con el superabrazo colectivo, Hugo ha dicho:

Hugo: ***Vale, venga. ¿Ves como nadie piensa nada de ti? Todos ganamos, pero ¿podemos irnos ya al London Eye? Por favor.***

Los cinco nos hemos soltado al mismo tiempo, pero es que se nos estaba escapando la risa.

Yo: ***Mira el que no quería ir, ¿eh?***

Hugo se ha encogido de hombros.

Hugo: ***Ya, bueno... he cambiado de*** idea.

Nada más escucharlo nos hemos puesto a reír todavía más fuerte porque... ¡qué discusión más tonta y qué manera de perder el tiempo! ¡Primero uno no quería ir, luego otra no quería porque le daban miedo las alturas... y también le daba miedo reconocer que le daban miedo las alturas. ¡Menudo grupo estamos hechos!

Por suerte, el abrazo colectivo lo ha arreglado todo. ¡AL LONDON EYE!

# SALUDOS DESDE LO ALTO

¿Que cómo es el London Eye? Pues muy grande. No. Gigante. Enorme. Supermegaultrahipergrande, tan grande que sería difícil describirlo

con palabras, así que voy a hacer un dibujo de cómo es el London Eye y cómo son las personas en comparación.

Nada más ver la noria, he tenido unas ganas TREMENDAS de montarme y creo que mis amigos también, porque los últimos metros antes de llegar nos hemos echado a correr como locos, dándonos empujones para ver quién era el primero en llegar.

Cuando ya estábamos todos delante del London Eye (bueno, todos no. Lucía se ha sentado en un banco justo al lado, guardándonos las chaquetas. Parecía un poco triste), mientras esperábamos nuestro turno para montar, Nico se ha puesto a mi lado.

Nico: **Yo quiero ir al lado de Martina.**

A mí me ha parecido bien, porque creo que Nico es simpatiquísimo y estaba segura de que lo pasaría genial con él en la noria. Lo que no tenía tan claro era si a Hugo le había parecido lo mismo, porque, aunque estaba embobado mirando la noria, de repente se ha girado hacia Nico y hacia mí:

*Hugo:* ***¿Qué es lo que has dicho, Nico?*** *(Y ha abierto la boca mucho más que cuando miraba la noria.)* ***¡Quieres sentarte a su lado porque te gusta Martina! ¡Te gusta Martina!***

Y entonces la que he abierto mucho la boca, de la sorpresa, he sido yo. ¿Que le gusto a Nico? ¡Pero si a mí me gusta Hugo! ¿Podía ser verdad? Pero entonces Nico ha negado con la cabeza:

*Nico:* ***¡Nooo! No lo decía con esa intención. Es que Martina es muy divertida, y por eso quiero ir con ella, porque hace subir la adrenalina.***

Yo me los he quedado mirando, primero a Hugo y después a Nico. No sabía cómo reaccionar y creo que incluso me he puesto un poco roja. ¡Yo! ¡Que nunca tengo vergüenza de nada! ¡Que soy valiente y atrevida! Suerte que Sofía ha intervenido:

*Sofía:* ***¿En serio hace subir la adrenalina? Pues entonces ¡me pido yo con ella, que para eso es mi mejor amiga!***

Sofía se ha puesto en medio de todos y me ha pasado un brazo alrededor de los hombros. La verdad, yo tenía ganas de ir con todos ellos sentada en la noria: quería ir con Sofía porque es verdad que es mi mejor amiga, y con Nico, que es simpatiquísimo, y con Hugo porque... bueno, porque es Hugo. Al final, pero, me he decidido:

*Yo:* ***Vale, chicos. Este es el plan: yo iré con Sofía y Nico y Hugo iréis juntos. Y quien salga mareado cuando termine la atracción, ¡pierde!***

Justo en ese momento la noria ha dejado de dar vueltas y la gente ha comenzado a bajar. Hugo, que ya estaba supernervioso y saltaba de las ganas que tenía de montarse en la noria (¡y eso que él no quería al principio!), ha dicho:

*Hugo:* ***¡Vale! ¡Trato hecho! Me parece un buen plan. ¡Vamooooos!***

Ese último «vamos» lo ha gritado mientras corría, porque han quedado cuatro asientos libres en la noria y nosotros teníamos mucha mucha prisa en ocuparlos. ¡Qué emoción!

Yo he montado en un montón de norias de parques de atracciones y de ferias, pero el London Eye es, estoy segurísima, la MEJOR de todas con diferencia. Ya lo he dicho antes, es GIGANTESCA. Cuando ha comenzado a dar vueltas, como está al lado del río (el Támesis es el río que pasa por Londres), soplaba un viento muy fuerte que movía las cabinas don-

de estábamos sentados. Esto me había parecido todavía más genial. Pero a pesar de todo lo que se movía, no me he mareado nada, así que estaba segura de que ganaría la competición.

Lo único que nos chafaba un poco la diversión era pensar en la pobre Lucía, que seguía sentada en el banco al lado de la noria, cabizbaja y triste. ¡Se lo estaba perdiendo solo porque no le gustan las alturas!

Yo creo que estábamos todos pensando en lo mismo, porque cuando hemos completado la primera vuelta y nuestra cabina se acercaba ya el suelo, Nico ha gritado a pleno pulmón:

*Nico:* **¡Lucíaaaaaa! ¡Móntate con nosotros!**

Y luego, Hugo también:

*Hugo:* **¡Nico tiene razón! ¡Vamos, móntate! ¡Los miedos están para vencerlos!**

Desde donde estaba sentada, Lucía ha negado con la cabeza, pero entonces Sofía se ha añadido a los gritos:

Sofía: ***¡Hagámosle una ola a Lucía! ¡Todos juntos, una ola!***

Los cuatro a la vez nos hemos puesto a hacer la ola para ver si así animábamos a Lucía. Hemos levantado mucho los brazos, y yo incluso me he atrevido a levantarme un poco de mi asiento, y la cabina se ha tambaleado todavía más. ¡Eso era casi más divertido que montarse en la noria! ¡Lucía no podía perderse esas sensaciones tan geniales! ¡Toda una aventura!

Y mientras la cabina se tambaleaba, se me ha ocurrido una idea terrible: si a Lucía le daban miedo las alturas, ¿cómo íbamos a convencerla de que se montara en la avioneta para regresar a casa? Al venir lo había pasado fatal, pero no había podido hacer nada para evitarlo. ¡Tenía que acostumbrarse a las alturas o de lo contrario no podría volver!

Entonces he sabido lo que tenía que hacer, y aun sabiendo que luego seguramente me sentiría horriblemente mal, lo he hecho de todas formas. Así, he gritado con todas mis fuerzas:

*Yo:* ***¡A que no te atreves! ¡Miedica! ¡QUE ERES UNA MIEDICA!***

Voy a reconocerlo: no me lo esperaba. No me esperaba que Lucía se pusiera en pie con una seguridad que nunca le había visto antes. Y mucho menos me esperaba que dijera:

*Lucía:* ***¡Muy bien! ¡Vosotros lo habéis querido!***

Ha dejado nuestras chaquetas sobre el banco y luego ha comenzado a caminar hacia la noria.

*Lucía:* ***Me podéis llamar alta, me podéis llamar mandona, me podéis llamar aburrida... pero ¡NO ME PODÉIS LLAMAR MIEDICA!***

Hugo entonces me ha susurrado al oído:

*Hugo:* ***Creo que lo que dice se le está subiendo un poco a la cabeza, ¿no?***

Ha soltado una risita, pero yo no me he reído con él porque comenzaba a darme cuenta de que, quizá, lo de provocar a Lucía no había sido tan buena idea. Pero era demasiado tarde para echarse atrás, sobre todo porque entonces Nico ha acabado de arreglarlo:

*Nico:* ***¡Pues demuéstralo!***

Ha dado la casualidad de que, en ese momento, la noria se ha parado. Mientras algunas personas se bajaban, mareadas de dar tantas vueltas, nosotros nos hemos quedado en nuestro sitio porque Lucía ya estaba cada vez más cerca y más decidida.

*Lucía:* ***¡Me voy a montar en la noria! ¡Ya veréis!***

De veras, lo prometo, todo lo que estaba ocurriendo me ha comenzado a parecer una muy muy mala idea.

*Yo:* **¡Lucía! ¿Estás segura?**

Todavía estaba a tiempo de repensárselo, pero entonces Lucía ha dicho:

*Lucía:* **¡SÍ!**

Yo he comenzado a sentirme supermal. Horrible, culpable, porque estaba segura de que nada más subirse a la noria se desmayaría. La cabeza me bullía buscando la manera de frenarla, pero era demasiado tarde. Lucía se ha metido, derechita, en la cabina.

Y LO QUE HA OCURRIDO
LUEGO...
¡ASQUEROSO!

# SALUDOS INCÓMODOS

Lucía ha vomitado. Pero que mucho mucho rato. Estoy segura de que ha vomitado hasta la cena de ayer. Ha sido asqueroso de verdad. Me ha dado mucha pena por ella y al mismo tiempo... bueno, al mismo tiempo un poco de risa también, porque cuando hemos conseguido bajarnos del dichoso London Eye, ella tenía la cara de color verde por el mareo y nos miraba con los ojos de la niña de *El exorcista* (que es una película de miedo que da... pánico, pero en ese momento la cara de Lucía lo que nos daba era cada vez más y más ganas de reír).

Cuando Lucía ha empezado a recuperarse, entonces... mi teléfono ha comenzado a sonar como un loco. Una horrible sensación se ha deslizado por mi espalda. Todos mis amigos se me han quedado mirando. Todos sabían quién me estaba llamando: ¡MI PADRE!

Creo que deberían hacer una estatua en mi honor por ser la chica más valiente del mundo, porque, aunque no lo creáis, he cogido el teléfono.

## LA TERRIBLE CONVERSACIÓN TELEFÓNICA DE MARTINA CON SU PADRE

*Papá:* **¡¡¡¡¡¡MARTINAAAAAA!!!!!!**

*Yo:* ***Papá, tranquilízate, yo...*** *(He intentado pensar en una excusa RÁPIDO.),* ***me he quedado en casa de una amiga a dormir y... mi móvil se quedó sin batería... Total, que esta mañana hemos ido a desayunar y hace cinco minutos acabo de almorzar y ya voy para cas...***

*Papá:* ***¡NO HAY EXCUSAS QUE VALGAN! Te dije la última vez que te llamé que llegaras sobre la hora de cenar y has pasado la noche quién sabe dónde y... ¿SABES QUÉ HORA ES?... Son LAS DOS Y MEDIA DEL MEDIODÍA. ¡NO SABES LO PREOCUPADOS QUE HEMOS ESTADO POR TI! ¡Ya puedes volver volando!***

¡Volando, dice! Pues no se imagina cuánta razón tiene...

*Yo:* ***Sí, papá, llegaré tan pronto como pueda, lo más rápido que dé de sí el motor... quiero decir... ¡quiero decir lo más rápido que den de sí mis piernas!***

## FIN DE LA TERRIBLE CONVERSACIÓN DE MARTINA CON SU PADRE

(Me ha colgado el teléfono. Casi mejor así, porque estaba MUY MUY MUY enfadado y creo que si llegamos a hablar más, habría sido peor.)

Y después de guardar el teléfono en el bolsillo, me he dado cuenta de que mis amigos me estaban mirando con los ojos como platos.

Sofía: **¿Qué te ha dicho tu padre? ¡Su voz daba miedo!**

Hugo: **A ver, que lo adivino... Tenemos que volver cuanto antes, ¿verdad?**

Lucía: ***Pues si tu padre está enfadado, Martina*** *(ha dicho Lucía de repente, mientras se tapaba la boca con ambas manos y miraba a su hermana),* ***¡no quiero ni pensar lo que dirán nuestros padres!***

Luego Nico ha dado un paso hacia mí, haciéndose un poco el chulo.

NICO: **Oye, ¿quieres que hable yo con él?**

Pero no, no quería que Nico hablara con mi padre, todavía podría estropearlo más. En ese momento me he dado cuenta de que, por mucho que nuestra aventura fuera genial y estuviéramos pasándolo muy bien en Londres, ya era hora de regresar.

YO: ***Nico... quizá deberíamos ir a buscar la avioneta. Esta aventura ha estado muy bien, pero...***

Pero me he quedado pensando en las palabras de mi padre. Que él y mi madre (¡y mis hermanos! ¡Y también mi hermano peludo!) han estado muy preocupados por mí, sin saber dónde estaba ni si estaba bien. Si ayer, cuando perdimos a Lucía, ya lo pasamos mal y fue solo un rato, no quería ni imaginar cómo debían de estar mis padres...

He comenzado a sentirme mal y todo, como si tuviera un nudo en el estómago. Nico ha debido de haberlo notado porque ha dicho:

NICO: **De acuerdo. Supongo que mi padre ya ha-**

***brá llegado y podré entrar en casa. Pero antes, lo primero que deberíamos hacer es acercarnos a donde se estrelló vuestra avioneta para ver qué modelo es y qué piezas faltan para pedirle ayuda al amigo de mi padre...***

Era un buen plan, así que hemos cogido el metro para ir hacia el parque donde nos estrellamos (estaba superlejos del London Eye y teníamos prisa: ¡no podíamos ir a pie!). Nada

más bajar del metro, los cinco hemos salido corriendo. Necesitábamos encontrar la avioneta cuanto antes.

Oh, no...

¡LA AVIONETA!

Bueno. Voy a explicarlo mejor: la avioneta la hemos encontrado, sí. Estaba exactamente en el mismo lugar donde la dejamos, en un parque grande en Notting Hill. El problema es que, al llegar allí, alrededor de la avioneta había un puñado de policías y una grúa se la estaba llevando.

*Martina:* **¿Qué vamos a hacer? ¿Cómo vamos a regresar a nuestras casas?**

¡ESTAMOS ATRAPADOS EN LONDRES!

¡¡¡NOOOOOOOOOOOOOOOOOOOOOO!!!

Vuelvo a repetirlo, pero más grande:

# ¡¡¡¡¡¡¡¡¡¡¡¡¡¡¡¡¡¡NOOOOOOO OOOOOOOOOOOOOOOO OOOOOOO!!!!!!!!!!!!!!!!!!

A ver. Respira, Martina, respira. Puede que tengamos una solución. En realidad, puede que NICO tenga una solución.

Después de ver cómo la policía se llevaba nuestra pobre avioneta y, con ella, nuestro único modo de regresar a casa, nos hemos quedado todos superabatidos y con ganas de llorar. Entonces, de repente, Nico se ha golpeado la sien, como si acabara de recordar algo muy importante.

*Nico:* ***Chicos..., ¡creo que ya sé qué podéis hacer! ¡Mi padre tiene un globo aerostático guardado en el desván de casa! No sé si nos lo prestará, pero...***

No hemos dejado que acabara la frase. Nada más escucharlo, nuestro estado de ánimo ha cambiado completamente. Ya no teníamos ganas de llorar. Al contrario: Hugo se ha echado a reír y Sofía...

*Sofía:* **¡Un viaje en globo! ¡Qué pasada! ¡Yo me pido al lado de... de...!**

Pero antes de seguir en voz alta se lo ha repensado y me ha preguntado al oído si me seguía gustando Hugo. ¿Qué tenía que decirle

yo? Pues la verdad, que no solo me gustaba, sino que lo quería muchísimo. ¿Y sabéis qué? Quizá solo necesitaba ser sincera con Sofía sobre el tema de Hugo, porque entonces ella ha sonreído y ha dicho:

Sofía: **Pues... ¡yo me pido estar en el globo al lado de quien sea. Me da igual, ¡porque lo pasaremos de fábula igualmente!**

La única que no parecía nada contenta era Lucía. ¡Por lo del miedo a las alturas, claro! No puedo imaginar nada que la asuste más que viajar hasta España en un globo aerostático... Como se ha dado cuenta de que todos la mirábamos, al final ha reconocido, bajando la cabeza:

Lucía: ***Lo siento, chicos, pero... ¿no creéis que un viaje así sería un poco peligroso?***

Yo: ***¿Tienes una* idea *mejor?***

Eso se lo he dicho yo, procurando no sonar muy enfadada, pero... Es que, si no vamos en globo, ¿cómo vamos a regresar? Lucía, cada vez más agobiada, se ha tapado la cara con ambas manos ¡y se ha puesto a llorar! ¡Pobre!

Lucía: ***Pero ¡es que yo no puedo! ¿No os acordáis de lo que ha pasado en la noria? Yo... yo... yo no puedo, de verdad... Quiero regresar con mi familia, como todos, pero...***

Hugo no la ha dejado acabar. Con expresión pensativa, ha dicho:.

Hugo: ***Chicos, antes de discutirnos por nada, quizá deberíamos preguntarle al padre de Nico si nos presta el globo, ¿no?***

Después de hablar se ha girado hacia Nico, que ha sacudido la cabeza.

Nico: ***Sí... Y vosotros no conocéis a mi padre, no puedo prometeros que diga que sí... Pero para eso tendríamos que ir a mi casa. No está lejos, os lo prometo.***

La verdad es que, aunque hubiera estado a

kilómetros de distancia, habríamos ido a casa de Nico igualmente, porque el globo se ha convertido en nuestra única oportunidad de regresar a Marbella. Por suerte, no hemos tenido que caminar mucho y en unos quince minutos hemos llegado a...

## ¡SALUDOS DIVERTIDOS DESDE UNA SUPERMANSIÓN!

Nunca lo hubiera imaginado, pero la casa de Nico no es una casa. Es una MANSIÓN. Una de esas típicas mansiones inglesas preciosa, con un jardín gigantesco. Para que os hagáis una idea más o menos, ¡es como dos campos de fútbol de grande! Lo primero que he pensado al ver el jardín es: *¡Aquí puedo hacer un musical·ly la mar de chulo!* Y la casa... la casa de Nico es tan grande que no podemos alcanzar a verla entera con la mirada. El único que no se mostraba alterado mientras cruzábamos por un camino de

tierra hasta la puerta de entrada a la mansión ha sido Nico, pero, ¡claro!, ¡él está acostumbrado a vivir en una casa que nosotros solo habíamos visto en películas y en fotografías! Los demás la verdad es que estábamos muy impresionados. El que más creo que ha sido Hugo, que con una sonrisa enorme se ha acercado a Nico y le ha rodeado los hombros con el brazo.

*Hugo:* ***¡Eh! ¡Amigo! ¡Amigo mío del alma!***

Por supuesto, Nico se olía algo, porque le ha respondido:

*Nico:* ***Suéltalo ya, Hugo, ¿qué quieres?***

*Hugo:* ***¡Quedarme algún día a dormir en tu casa!***

¡Qué morro tiene Hugo! Pero, a pesar de todo, Nico no se lo ha tomado nada mal. Solo se ha reído:

*Nico:* ***Amigo mío, explícame: ¿cómo te vas a quedar a dormir en mi casa, si estamos buscando la manera de que regreséis a España?***

Al final nos hemos detenido frente a la entrada. A mí, lo cierto es que de tanto caminar ya me dolían los pies. Hemos decidido que lo mejor era que Nico entrara solo. Primero, porque tenía que explicarle a su padre dónde había pasado la mañana (entre todos habíamos pensado que la mejor excusa era decir que Nico había salido con unos amigos —¡nosotros!—. Así su padre no descubriría que había pasado la noche fuera ni que se había dejado olvidadas las llaves) y segundo, porque no queríamos arriesgarnos a que llamara a nuestros padres si se enteraba de todo.

Así pues, el resto de nosotros nos hemos escondido detrás de unos arbustos a esperar. Nico ha llamado a la puerta de la mansión y ha abierto un señor alto, delgado y rubio que se le parecía mucho: su padre. Estaba muy serio. Han comenzado a hablar muy rápido en inglés, pero entre Lucía, Sofía y yo hemos podido ir traduciéndole a Hugo las malas noticias, porque, después de explicarle la excusa (creo que no ha colado del todo... ¡ups!), Nico le ha preguntado a su padre:

Nico: ***Dad, could I borrow the hot air ballon?*** *(Eso significa: Papá, ¿puedo tomar prestado el globo aerostático?)*

Y el padre de Nico ha respondido, muy serio:

Padre de Nico: **No.** *(Y eso no necesita traducción, ¿verdad?)*

Nico ha abierto la boca para protestar, pero entonces su padre ha fruncido el ceño y ha añadido:

Padre de Nico: ***I said no. Don't insist. And now ¡go to your room!***

Es decir: «No. Y no insistas. Y ahora ¡ve a tu cuarto!»

Dicho esto ha cerrado la puerta (con Nico dentro).

Así pues, si no podemos usar la avioneta y tampoco el globo... ¿qué vamos a hacer?

Durante toda nuestra aventura he tenido muchas ideas. Así que más me vale pensar otra, y rápido.

La idea, al final, ha sido muy simple: SI NO TENEMOS PERMISO PARA USAR EL GLOBO... ¡PUES TENDREMOS QUE USARLO SIN ÉL!

Me ha costado convencer a los demás, por supuesto. Nico, que ha salido por la ventana de su cuarto al cabo de un rato para reunirse con nosotros, no estaba muy seguro. Ha dicho que su padre estaba muy enfadado, seguramente porque algo le había ido mal en el viaje de trabajo. (Yo he pensado que quizá el problema era que no se había tragado la excusa de Nico, pero no lo he querido decir.) Hugo tampoco lo tenía muy claro, no le parecía bien hacer algo sin permiso. Pero ¿qué alternativa teníamos? Así mismo se lo he dicho:

Yo: ***¡O nos llevamos el globo sin permiso, o ten-***

***dremos que quedarnos aquí para siempre! ¿Quién está conmigo?***

Sofía y Lucía han sido las que han levantado la mano más rápido. Y Sofía ha añadido, riéndose:

Sofía: ***La verdad es que al decirlo en voz alta a sonado un pelín como si fueras una ladrona...***

Y tenía razón. ¡Si queríamos usar el globo sin permiso, tendríamos que robarlo!

Nico ha entrado a comer con su padre (¡ya era mediodía!) y luego ha vuelto a salir con un poco de comida para nosotros. Desde una de las ventanas del jardín, hemos vigilado al padre de Nico hasta que se ha sentado en el salón familiar para ver la televisión y dormir la siesta. Entonces hemos dado un rodeo a la mansión (y hemos tardado un buen rato, ¡es gigantesca!) y nos hemos colado por otra ventana que daba a su dormitorio. Es curioso, ¿verdad? Toda esta aventura comenzó cuando yo me escapé de mi habitación allá en Marbella, y podemos terminarla entrando en la de Nico... ¡Y, por cierto, menuda habitación! El suelo era de un mármol tan brillante que parecía un espejo. Tenía las paredes pintadas con rayas amarillas y verdes, y en ellas había un montón de pósteres de un equipo de fútbol. Me he acercado a ver cuál era, y resulta que Nico debe de ser fan del West Bromwich Albion Football Club. Pero las maravillas del cuarto de Nico no se acababan aquí: su cama tenía forma de coche de carreras de color rojo con ruedas y volante y todo, y encima de la cabecera había un cuadro de él y su madre cuando era pequeño. En un lado de la habitación había una multitud de aparatos electrónicos de última generación (portátiles, móviles...) y por el resto del cuarto había cómodas y cajones para guardar juguetes. Y lo mejor... ¡una máquina de helados! Era como las que hay en algunas tiendas de comida rápida, una caja enorme con dos surtidores, uno para helado de vainilla y otro para virutas de chocolate. Nada más ver

la máquina, Sofía ha soltado un gritito de emoción y ha corrido hacia ella. Luego se ha tumbado bajo el surtidor de virutas de chocolate y ha apretado un botón para que le cayeran directamente dentro de la boca. ¡Qué risa me ha entrado al verla!

*Yo:* **Sofía, ¿qué haces?**

Ella, con la boca rebosante de virutas de chocolate, tantas que ha manchado todo el suelo, ha murmurado:

*Sofía:* **¡Están muy buenas!**

Vale que primero me he reído, pero luego ya me ha entrado un poco de vergüenza por cómo se estaba comportando Sofía. Lucía tampoco lo ha hecho mucho mejor, porque sin pedir permiso ni nada se ha sentado frente a uno de los ordenadores de Nico y lo ha encendido. Incluso Hugo, de pie en medio de la habitación, ha dicho:

*Hugo:* **¡Joooooo, tío! ¿Dejamos para más tarde el**

***plan de robar el globo y nos quedamos un ratito en tu cuarto?***

Pero no podíamos dejar el plan para más tarde. O robábamos el globo ya, o perdíamos nuestra oportunidad, así que entre Nico y yo hemos arrastrado a los demás fuera de su habitación (Sofía ha sido la más difícil de convencer y antes de marcharnos al desván ha conseguido llenarse la boca de chocolate una última vez).

Hemos cruzado la mansión en silencio. La verdad, con tanto silencio, daba un poco de miedo y todo... Bueno, seguro que se lo daba a los demás, porque yo soy una persona supervaliente, pero de todas formas, reconozco que durante todo el camino he ido lo más pegada a Hugo posible. Finalmente hemos subido unas escaleras altas y larguísimas y hemos llegado al desván.

Estaba lleno de polvo. Había tantísimo que se me ha metido hasta en la nariz. Todo estaba oscuro, pero entonces Nico ha encendido una luz amarilla y brillante que quemaba los ojos, y lo hemos visto: un globo enorme y colorido, medio escondido entre un montón de telarañas. Hugo ha tenido que taparse la mano con la boca y toser, porque se le saltaban las lágrimas con tanto polvo.

*Hugo:* ***¡Ostras! Puede que tu cuarto esté limpio y recogido, pero me parece a mí que os habéis olvidado del desván, ¿no?***

Nico le ha respondido, mirando las increíbles telarañas que colgaban por todas partes:

*Nico:* **Pues sí que que está un poquito sucio, sí...**

Y yo, claro, no me he podido resistir:

*Yo:* ***¡Un poquito! Más bien un muchito, ¿no crees?***

Nico ha bajado la cabeza. A pesar de que el desván estaba muy oscuro juraría que se ha sonrojado. De todas formas, antes de que yo pudiera decir nada más, Sofía ha dado un paso hacia adelante, superdecidida.

*Sofía:* **Bueno, a ver. ¿Cogemos el globo o no?**

Y luego ha empezado a toser, porque solo con caminar por el desván ha levantado una nube de polvo que olía a moho y a calcetines viejos. Un segundo después, los demás también nos hemos llevado la mano a la cara, pero aun así a mí me ha comenzado a picar la garganta. Sofía, que estaba a mi lado, ha dicho:

*Sofía:* ***¿Mhodrhiahmos boberlo boco a boco? ¡Hsi lo lemandamos grabido hamraá debasiado bolvo!***

Bueno, ella ha dicho, en realidad: «¿Podríamos moverlo poco a poco? ¡Si lo levantamos rápido habrá demasiado polvo!», pero no se la entendía bien porque se estaba tapando la boca con la mano.

Hugo, que ha intentado hacerse una especie de máscara atándose el jersey sobre la nariz, ha asentido poco convencido:

*Hugo:* ***¿Crees que funcionaría? ¿Sabes cuánto polvo puede tener esa cosa?***

Sin embargo, al instante alguien me ha empujado. Era Nico, que, arremangándose el jersey, ha exclamado:

Nico: ***Tanto discutir, tanto discutir... Vamos a arreglar las cosas a mi manera. ¡Apartaos!***

No hemos podido detenerlo. Se ha puesto a correr hacia el globo como un loco y cuando ha llegado hasta él, le ha dado una superpatada que ha resonado por todo el desván. Y si antes pensábamos que había polvo... pues ahora muchísimo más. Una nube, una MONTAÑA de polvo se ha desprendido del globo como el humo en una explosión nuclear. Los demás nos hemos cubierto la cara como hemos podido y, aun así, nos hemos puesto a toser como locos otra vez.

Pero, desde luego, el arrebato de Nico ha servido para algo: en cuanto el aire se ha calmado otra vez, nos hemos dado cuenta de que el globo ya estaba limpio... ¡y listo para volar!

Vale. No. Todavía nos faltaba arrastrarlo fuera del desván y montarlo, pero ¡CASI LISTO PARA VOLAR!

## LISTA DE COSAS QUE NOS QUEDAN ANTES DE DESPEGAR:

☆ **Sacar el globo del desván sin romperlo y SIN QUE EL PADRE DE NICO SE ENTERE.** Parece que una cosa que vuela tenga que ser ligera, ¿no? PUES NO. Lo más fácil de sacar ha sido el globo en sí, es decir, la tela que se llena con aire caliente y flota. Pesaba muchísimo, pero entre todos lo hemos sujetado y lo hemos llevado al jardín sin problemas. El verdadero reto ha sido la CESTA, que no solo es supergrande (¡tiene que serlo para caber todos!), sino que además no pasaba por la puerta del desván. Pero resulta que por la ventana, sí. Y apenas se ha roto.

☆ **Montar el globo.** Por suerte, Nico sabía montar el globo y nos ha dado todas las indicaciones. Lo único difícil ha sido hacerlo sin armar mucho ruido, pues el padre de Nico seguía en el salón de la mansión viendo la tele.

☆ **Convencer a Lucía de montarse en el globo.** Eso ha sido lo que más nos ha costado. Ni siquiera se atrevía a *acercarse* al globo. Pobre Lucía, le temblaban las piernas y cada vez que se animaba a dar un paso hacia adelante, luego daba dos hacia atrás. Hemos tardado casi una hora en convencerla, pero al final Sofía la ha agarrado de una mano, yo de la otra, y le hemos prometido que todo iría bien, que no nos pasaría nada.

☆ **Decir adiós.** Con el globo montado y a punto de despegar, quedaba lo más difícil: la despedida. Después de un día y medio de aventuras por Londres regresábamos a casa, pero ¡Nico no podía venir con nosotros! Él vive allí, en esa mansión, con su padre... Nos ha dado un abrazo gigante a cada uno de nosotros antes que nos montáramos en la cesta del globo. Me ha dado una pena INMENSA. Creo que, en realidad, lo mejor de esta aventura ha sido precisamente que hemos conocido a los chicos, a Hugo y a Nico.

Yo he sido la última en despedirme de él. No diré que he llorado cuando Nico me ha dado el abrazo que me correspondía, porque no. Pero casi. Luego me he montado en el globo. Todavía no habíamos despegado, que Lucía ya estaba en un rincón acuclillada y tapándose los ojos. Y entonces he dicho haciéndome la fuerte:

*Yo:* **Bueno, chicos... ¿Nos vamos?**

Hugo se ha frotado la cara, como si se le hubiera metido algo en el ojo, y ha dicho:

*Hugo:* **En marcha...**

Luego se ha quedado un segundo parado, mirándonos a Lucía, Sofía y a mí, y ha añadido:

*Hugo:* **Chicas, ¿alguna de las tres sabe manejar un aparato de estos?**

## ¿PODREMOS REGRESAR A CASA? ¿SÍ O NO?

La mala noticia era que ninguna de las tres sabíamos cómo hacer volar el globo. La buena, que Nico sí sabía. ¡ASÍ QUE NICO SE VENÍA CON NOSOTROS! (Luego ya pensaríamos cómo nos las arreglaríamos para que regresara a Inglaterra.)

¡Volar en globo es SUPEREMOCIONANTE! Es mucho más lento que la avioneta, así que se puede apreciar muchísimo mejor el paisaje. Londres se ha ido haciendo pequeñito pequeñito, mientras nos elevábamos

SEGUIRÉ INFORMANDO LUEGO, ¡QUE ESTO ES MUY CHULO!

Rectifico. Volar en globo es emocionante la primera hora. ¿He dicho que es lento? No es lento, no: ¡ES LENTÍSIMO! Y como ya habíamos dejado Londres atrás, pues la verdad es que el

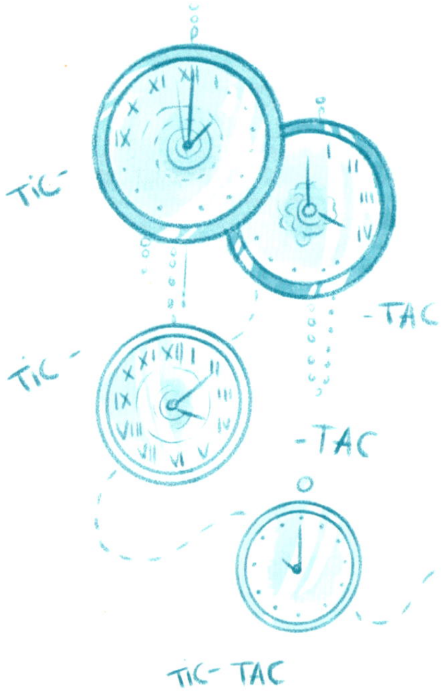

paisaje se había vuelto bastante aburrido. Lo único bueno era que, al cabo de un buen rato, comenzamos a volar sobre el mar. Eso significaba que, la próxima vez que viéramos tierra firme, ya estaríamos en España.

¡Uf! Espero que lleguemos pronto...

Hacía frío. Sofía hacía rato que se quejaba diciendo que le parecía que tenía los pies metidos en un congelador. Y Lucía, aunque el globo se movía muchísimo menos que la noria, estaba como una sopa.

Estuvimos volando toda la tarde, y cuando ya comenzaba a ponerse el sol, Nico de repente gritó:

Nico: **¡TIERRA A LA VISTA!**

Parecía uno de esos marineros de las películas de piratas. Aunque estaba medio congelada, me entró risa de imaginármelo así, vestido de marinero con un parche en el ojo y un loro sobre el hombro.

## ¡TIERRA! ¡YA ESTAMOS LLEGANDO!

## ¡BIEEEEEEEEEEEEEEEEEEEN!

Viajar en globo es aburrido. ATERRIZAR EN GLOBO, NO. Nada más avistar tierra, Nico se ha puesto a maniobrar para bajar el globo, pero al hacerlo hemos entrado en una corriente de aire y la cesta del globo ha comenzado a balancearse como si estuviéramos en una montaña rusa. Poco a poco hemos comenzado a ver más y más casas, edificios que nos eran familiares y entonces...
¡Marbella!

*Lucía*: **¡Mirad, chicos! ¡Ahí hay un parque! ¿Crees que podríamos aterrizar allí, Nico?**

Nico ha mirado el parque, nos ha mirado a todos nosotros y, superseguro de sí mismo, ha asentido con la cabeza.

*Nico*: ***Yo creo que sí, pero será un descenso un poco brusco... ¡Agarraos a algo!***

Nico ha comenzado a toquetear el mecanismo del globo, y la cesta ha dado una sacudida tremenda, tan fuerte que me he sentido como si fuéramos canicas, todos chocando los unos contra los otros. He tratado de agarrarme a un lado de la cesta mientras nos acercábamos vertiginosamente al suelo y...

Y justo en ese momento mi móvil ha comenzado a sonar.

Agarrándome como he podido a la cesta del globo, le he dado al botón de contestar. El suelo estaba cada vez más cerca.

*Papá*: ***¡MARTINA VALERIA! ¿DÓNDE ESTÁS? ESTÁ OSCURECIENDO, JOVENCITA, ¡Y TODAVÍA NO HAS REGRESADO A CASA!***

*Yo:* ***¡Papá! ¡Asómate por la ventana!***

¡No podría ser más casualidad! Resulta que el parque en el que íbamos a aterrizar está justo detrás de mi casa, justo al lado del bosque donde encontramos la dichosa avioneta...

En ese momento, el globo ha aterrizado de un trompazo en el parque. Por culpa del golpe, la cesta se ha volcado y los cinco hemos caído sobre el césped. Al mismo tiempo, he visto la cabeza de mi padre en la ventana, y he oído su voz a través del teléfono, gritando:

*Papá:* ***¡Voy para allá! ¡Más vale que tengas una explicación razonable o estarás castigada!***

Una explicación razonable, ¡ya! No es solo que dar explicaciones razonables me cuesta cuando estoy bajo presión, es que... ni que se las diera, ¡cómo iba a creerme!

Mi padre entonces ha salido a la calle. Estaba rojo rojísimo, tanto que en su rabia no veía por dónde pisaba y en su intento de atravesar el jardín ha destrozado las flores que mi abuela plantó con muchísimo cariño el año pasado. Luego ha tropezado con un columpio de madera y con el árbol al que estaba enganchado el columpio. Entonces del golpe se le ha caído una rama encima, y según se quitaba la rama de encima ha metido el pie en un charco de barro.

Yo no sabía si echarme a reír, porque la situación era muy cómica, o a llorar, porque eso habría enfadado todavía más a mi padre.

Como mis amigos no tenían miedo de ningún castigo por parte de mi padre, ellos sí han estallado en carcajadas tan fuertes que casi no podían tenerse en pie. Eso, claro, lo han he-

cho solo mientras mi padre seguía lejos. En cuanto lo han visto llegar, la primera en erguirse más o menos seria ha sido Lucía.

*Lucía*: **Bueno, Martina. Nos vemos mañana, ¿de acuerdo? ¡Que te vaya bien!**

Sofía ha añadido rápidamente:

*Sofía*: **Bueno. Quizá dentro de una semana, mejor.**

No podía faltar Hugo, que cuando ha conseguido parar de reír, tenía lágrimas en los ojos.

*Hugo*: **O puede que dentro de un año o... o no sé.**

*Nico*: **O cuando sea que se termine tu castigo.**

Esto lo ha murmurado Nico mientras daba un paso hacia atrás.

Y al final, los tres han dicho a la vez:

*Todos*: **¡Adiós, Martina!**

Y se han marchado corriendo.

COBARDES.

Por un momento me habría gustado seguirlos, porque sabía la que me esperaba, pero mi padre estaba ya tan cerca que me ha agarrado por el brazo y me ha arrastrado hacia mi casa a través del charco de barro y por encima de la rama que se le había caído en la cabeza, donde resulta que vivían una familia de pajarillos, por el lado del columpio y a través de las flores machacadas de mi abuela. Mientras tanto, iba enumerando todos los castigos terribles que me he ganado por estar desaparecida este par de días.

También a rastras me ha subido a mi habitación y, cuando ya estaba dentro, ha gritado:

*Papá:* ***¡Y NO SALDRÁS HASTA QUE VAYAS A LA UNIVERSIDAD!***

Luego ha cerrado de golpe la puerta de la habitación. ¡PLAS! El golpe me ha resonado en los oídos y los gritos de mi padre también. He tenido que tumbarme sobre la cama un momento porque me temblaban las piernas. Necesitaba tranquilizarme un poco...

Bueno. Pues estoy castigada por lo que me queda de vida. Al principio me ha parecido mucho, pero luego... luego me he dado cuenta de una cosa: que el castigo va a ser terrible, claro. Pero que si el precio por la maravillosa aventura que he vivido estos días es estar castigada... ¡LO HARÍA OTRA VEZ!

Porque, al fin y al cabo, las aventuras son para los valientes.

Después de esta reflexión, todavía tumbada en la cama, me he echado a reír cada vez más y más fuerte, tanto que ha empezado a dolerme la tripa, tanto que mi padre debe de haberlo escuchado, porque he oído sus pasos y luego unos golpecitos en la puerta.

*Papá:* ***¿Martina? Han pasado ya cuatro horas. Espero que hayas reflexionado sobre por qué te he castigado. ¡Y que tu cuarto esté ordenado!***

¿Qué? ¿Qué dice mi padre? Pero si acaba de encerrarme en mi habitación, si no han pasado ni dos minutos, si...

ENTONCES ME HE DESPERTADO.

*Papá:* ***¿Martina? ¿Me escuchas? No te creas que la reflexión es tu único castigo. Luego tendrás que limpiar el salón, está lleno de garbanzos...***

Me he frotado los ojos, no entendía nada de lo que estaba ocurriendo.

*Papá:* ***¿Martina? ¿Me escuchas?***

Los garbanzos. El castigo de reflexionar en mi habitación sobre por qué no podía hacer experimentos en casa y ordenar mi cuarto. Como he podido, he abierto el teléfono para comprobar la hora y la fecha y resulta que mi padre está diciendo la verdad: sigue siendo sábado por la mañana. Han pasado solo cuatro horas desde que me castigara en mi habitación.

*Yo:* ***Sí, sí... estoy... estoy acabando de reflexionar un poco más. Ahora mismo voy...***

Lo recordaba todo perfectamente: la avioneta, la aventura en Londres, mis amigos..., pero mientras me venían todas esas imágenes a la cabeza, al mismo tiempo me daba cuenta de que no podían ser verdad...

¡Todo ha sido un sueño! UN SUEÑO MARAVILLOSO.

¡POR ESO HUGO Y NICO ME RESULTABAN FAMILIARES CUANDO LOS CONOCÍ EN EL SUEÑO! ¡SI VAN CONMIGO A LA ESCUELA! ¡LA CARA QUE VAN A PONER CUANDO LES CUENTE TODA LA HISTORIA!

Justo en ese momento, mi teléfono ha soltado un pitido. Es un mensaje de WhatsApp. ¡De Sofía!

De: *Sofía*
A: *Martina*
***¡No te lo vas a creer Martina! Hemos encontrado una avioneta abandonada en el bosque que hay detrás de tu casa.***
***¡Corre, ven a verla!***

He tenido que pellizcarme. Esto YA no era un sueño.

De: *Martina*
A: *Sofía*
***Ahora voy. ¡No entréis sin mí! ¡Y por lo que más quieras, no toquéis ningún botón!***

Me he guardado el teléfono en el bolsillo y me he puesto en pie lista para vivir una nueva aventura.

# CUADERNO DE AVENTURAS

LONDON EYE